Contraste insuffisant des couvertures
supérieure et inférieure

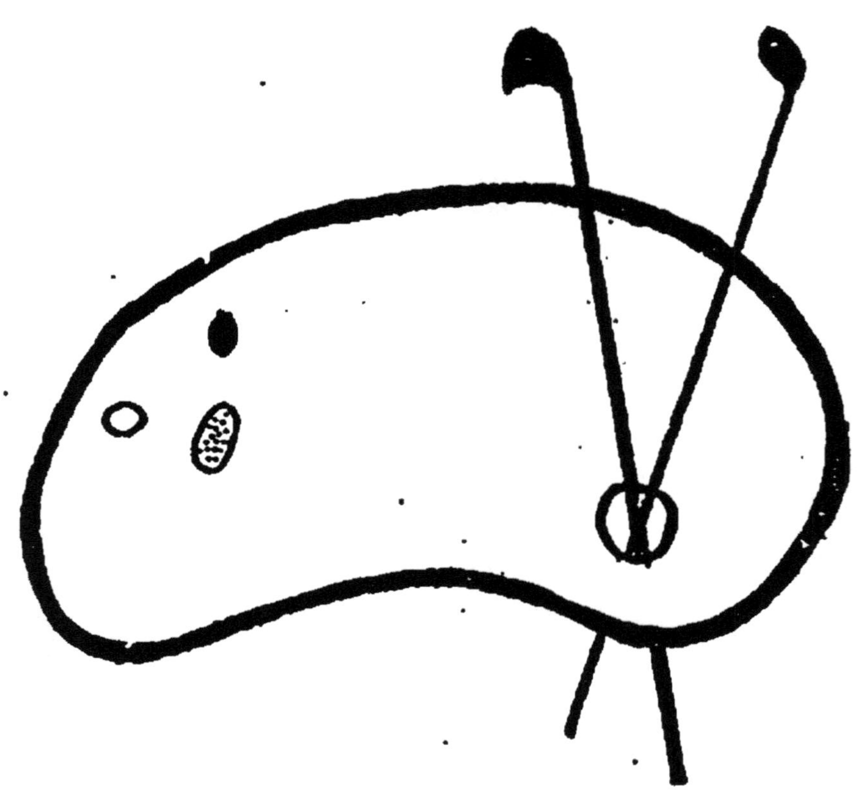

COUVERTURE SUPÉRIEURE ET INFÉRIEURE
EN COULEUR

DU FAUX

EN MATIÈRE CRIMINELLE

JURISPRUDENCE ET FORMULES

PAR

UN PRÉSIDENT D'ASSISES

PARIS

AUGUSTE DURAND, LIBRAIRE-ÉDITEUR

7, RUE DES GRÈS, 7

1865

EXTRAIT DU CATALOGUE
DE LA LIBRAIRIE D'AUGUSTE DURAND.

Bertin, avocat. Chambre du Conseil, en matière civile et disciplinaire. Jurisprudence du tribunal civil de la Seine, et introduction de M. De Belleyme, 2ᵉ édition, revue, augmentée. 1856, 2 vol. in-8.   16

— De la Répression pénale et des Circonstances atténuantes. 1859, in-8.   1

— Des Réformes de l'instruction criminelle (Observations générales. — Instruction préparatoire. — Détention préventive. — Secret. — Mise en liberté sous caution. — Prise à partie. — Juge unique. — Juge d'accusation. — Conclusion). 1863, in-8.   3

Bonnier (Ed.), professeur à la Faculté de droit de Paris. Traité théorique et pratique des Preuves en droit civil et en droit criminel. 3ᵉ édit., revue et consid. augmentée 1862, 2 vol. in-8.   15

Brun de Villeret (E.), conseiller à la Cour imp. de Lyon. Traité théorique et pratique de la Prescription en matière criminelle. 1863, 1 beau vol. in-8.   7

Catéchisme du droit pénal, par M. J.-E.-B. 1855, in-12.   2

Chabrol-Chaméane (E. de). Dictionnaire général des Lois pénales, disciplinaires et de police, contenant le texte des Codes pénal et d'instruction criminelle, le texte des lois prononçant des peines en matière civile, administrative, fiscale, militaire, maritime, etc. Nouvelle édition, avec un supplément. 1851. 2 forts vol. gr. in-8   12

Code pénal prussien du 14 avril 1851, avec la loi sur la mise en vigueur de ce Code, et les lois rendues jusqu'à ce jour. pour le compléter ou le modifier, le tout précédé d'une introduction, et traduit, pour la première fois, en français, par J. S.-G. Nypels. 1862, in-12.   3

Dufour (le baron), conseiller à la Cour impériale de Metz. Aide-mémoire d'un président d'assises. 4ᵉ édit. 1861, in-4.   6

Eloy (H.), docteur en droit, substitut du procureur imp. à Louviers. *Code d'audience.* Code pénal, avec toutes les lois qui en ont modifié le texte, et dispositions législatives spéciales sur la répression des crimes, délits et contraventions de toute nature. 1865, in-8.   9

Nypels (J. S.-G.). Le droit pénal français, progressif et comparé. Code pénal de 1810, accompagné des sources, des discussions au Conseil d'État, des exposés des motifs et des rapports faits au Corps législatif, suivi : 1ᵒ des lois modificatives rendues en France, en Belgique et dans les Pays-Bas depuis 1814 jusqu'à ce jour (30 oct. 1863); 2ᵒ de la traduction française complète du Code pénal prussien de 1845 et du Code pénal du royaume d'Italie, du 20 nov. 1859; précédé d'une bibliothèque choisie du droit criminel (droit pénal et procédure criminelle). 1864. gr. in-8.   18

— Bibliothèque choisie du droit criminel. 1864, gr. in-8.   4

Pellerin (Albert), docteur en droit, substitut du procureur imp. à Alençon. Commentaire de la loi des 13 avril-13 mai 1863, portant modification de soixante-cinq articles du Code pénal. 1863, in-8.   5

Répertoire des ouvrages de Législation, de droit et de jurisprudence en matière civile, administrative, commerciale et criminelle. publiés spécialement en France depuis 1789 jusqu'à la fin de novembre 1863, avec table analytique et raisonnée des matières. Nouvelle édition, augmentée, corrigée et continuée par M. Ernest Thorin, et précédée d'un tableau de l'enseignement et des études dans les neuf facultés de droit, et d'une analyse chronologique des lois, statuts, décrets, règlements et circulaires relatifs à cet enseignement, de 1791 à 1862; par M. A. de Fontaine de Resbecq, chef de bureau au ministère de l'Instruction publique, officier d'Académie. 1863. in-8.   3

Livre indispensable à tous ceux qui s'occupent de jurisprudence.

Paris. — Imprimerie de E. DONNAUD, rue Cassette, 9.

DU FAUX

EN MATIÈRE CRIMINELLE.

PARIS. — IMPRIMERIE DE E. DONNAUD
9, RUE CASSETTE, 9.

DU FAUX

EN MATIÈRE CRIMINELLE

JURISPRUDENCE ET FORMULES

PAR

UN PRÉSIDENT D'ASSISES

PARIS

AUGUSTE DURAND, LIBRAIRE-ÉDITEUR

7, RUE DES GRÈS, 7

1865

PRÉFACE.

Le présent opuscule n'est pas un traité, c'est une
analyse et un relevé de décisions judiciaires, accompagné de formules conformes à ces décisions. Ce n'est
pas un livre de doctrine, rien n'y est discuté, mais un
tableau contenant des rapprochements, des indications,
une méthode si le mot n'est pas trop ambitieux, à l'aide
desquels on a essayé de diminuer les difficultés que
présente l'application de la loi pénale en matière de
faux..

Il y a sur le faux des ouvrages importants, appro-
fondis, complets ; cette brochure ne saurait y suppléer,
ni même préparer à leur étude. Elle s'adresse non pas
à ceux qui ont besoin d'apprendre, mais à ceux qui,
sachant, sont appelés par leurs fonctions à des applica-
tions promptes, subites, imprévues, d'une législation
complexe, d'une jurisprudence délicate dont les nuances
ne sont pas toujours présentes à l'esprit. A ces derniers

il peut être utile, à un moment donné, de trouver sous
leurs mains un résumé succinct, précis, qui les dispense
de recherches pour lesquelles le temps leur manquerait;
leur offrir un tel résumé est le but, l'objet unique qu'on
s'est proposé en publiant ce modeste travail.

DU FAUX

EN MATIÈRE CRIMINELLE.

FAUX.

Code pénal, art. 145, 146, 147, 148, 149, 150, 151, 152, 156, 157, 158, 163, 164.

Code d'instruction criminelle, art. 448 à 464; — *Loi du 21 mars 1832, art. 13.*

OBSERVATIONS GÉNÉRALES.

a. Le faux que la loi punit se compose de trois éléments :

Altération de la vérité, suivant l'un des modes prévus par le Code pénal ;

Intention frauduleuse ;

Préjudice ou possibilité de préjudice.

Il constitue des crimes différents selon qu'il a été commis :

En écriture publique et authentique ;

En écriture de commerce ou de banque ;

En écriture privée ;

Dans les feuilles de route.

b. L'altération de la vérité, l'intention frauduleuse, la possibilité de préjudice, sont des points de fait dont l'appréciation préventive appartient à la chambre des mises en accusation et la solution au jury, seul juge définitif du fait.

Le caractère de faux, commis en écritures publiques ou authentiques, en écritures de commerce ou de banque, en écriture privée, dans les feuilles de route, est un point de droit dont l'appréciation préventive appartient à la chambre des mises en accusation et la solution à la Cour d'assises.

c. Dans toute accusation de faux, l'arrêt de renvoi doit spécifier :

1° Le fait qui constitue l'altération de la vérité ;

2° Les circonstances qui constituent la criminalité de ce fait, à savoir : si l'altération de la vérité a eu lieu par l'un des moyens et dans les circonstances énumérées aux art. 145 et suivants du Code pénal ; s'il y a eu de la part de celui qui a altéré la vérité par l'un de ces moyens et dans ces circonstances, intention de nuire ; si de l'altération de la vérité ainsi accomplie, un préjudice a pu résulter pour autrui ;

3° La nature et le caractère du crime imputable à l'accusé d'après la manière dont l'altération de la vérité s'est produite.

De ces énonciations, celles qui sont comprises dans les paragraphes 1 et 2 doivent seules être reproduites dans les questions soumises au jury, c'est-à-dire que le jury doit être appelé à s'expliquer uniquement sur l'altération de la vérité, sur le mode et les circonstances de cette altération, sur l'intention frauduleuse, sur la possibilité de préjudice.

A la Cour d'assises appartient ensuite de rapprocher les faits et circonstances déclarés constants par le jury des dispositions du Code pénal, combinées, suivant les cas, avec les dispositions du Code Napoléon, du Code de commerce ou d'autres lois ; de juger si, d'après ce rapprochement, ils constituent un faux punissable ; de déterminer le caractère de ce faux, et de décider s'il a été commis en écritures publiques et authentiques, en écritures de commerce, en écritures privées, ou s'il rentre dans la catégorie des faux commis dans les passe-ports, feuilles de route, permis de chasse et certificats.

d. Lors même que le jury aurait qualifié criminellement les faits par lui reconnus constants, et déclaré que ces faits constituent un faux en écriture authentique ou de commerce, ou privée, etc., la Cour d'assises n'en devrait pas moins, à peine de nullité, qualifier elle-même ces faits, sans tenir compte en ce, de l'appréciation du jury, qui serait un excès de pouvoir, et ne pourrait servir de base à l'application de la peine.

Une telle appréciation, sans effet quant à la qualification criminelle, ne saurait, d'ailleurs, suppléer à l'obligation imposée au jury de s'expliquer sur les circonstances spéciales qui sont de nature à donner au fait le caractère de faux en écriture authentique ou de commerce, ou privée, etc. Le jury qui, sans spécifier ces circonstances, se bornerait a répondre : *N.....* *est coupable d'avoir commis un faux en écriture authentique,* ou *de commerce,* ou *privée,* etc., non-seulement résoudrait un point de droit en dehors de ses attributions, mais il omettrait de s'expliquer sur le point de fait qu'il avait seul le pouvoir d'apprécier, sa déclaration serait à la fois illégale et insuffisante, la Cour d'assises n'y trouverait aucun élément de décision, et l'accusation ne serait point purgée (1).

Altération de la vérité.

e. L'altération de la vérité est matérielle lorsqu'elle consiste, soit dans la fabrication ou la contrefaçon, soit dans la modification ou la destruction d'un écrit, d'une clause ou d'une signature.

L'imperfection dans l'imitation de l'écriture ou de la siguature, l'omission d'une ou de plusieurs des formalités nécessaires pour donner à l'acte falsifié sa perfection légale, ne détruisent pas la matérialité de l'altération de la vérité, considérée comme élément de faux. (*V.* ci-dessous, p. 30, observation *ay.*)

Il y a altération matérielle de la vérité pouvant constituer un élément de faux, dans le fait :

De fabriquer au-dessus d'un blanc-seing des conventions fausses, si le blanc-seing n'avait pas été confié à celui qui l'a fait précéder de ces conventions fausses (2);

D'obtenir la signature d'un tiers au bas d'un écrit contenant des engagements différents de ceux que ce tiers croyait souscrire (3).

Mais il n'en serait pas ainsi de la signature obtenue au bas d'un acte vrai en soi, à l'aide d'une fraude qui consisterait à faire croire au signataire qu'il y a lieu par lui de signer cet acte, tandis qu'au contraire il y a lieu de ne pas le signer ; telle serait la signature d'un géné-

---

(1) B. c. 1825, 102, 103; — 1826, 173; — 1832, 132; — 1840, 73; — 1841, 178; — 1846, 260; — 1849, 77.
(2) F. P. 1844, 2, 394. — B. c. 1812, 225; — 1849, 20, 61.
(3) B. c. 1827, 316; — 1829, 167; — 1836, 57; — 1855, 322.

ral obtenue au bas d'un congé préparé au nom d'un militaire qui n'y avait pas droit, par un sous-officier faisant fonctions de secrétaire, lequel aurait frauduleusement glissé ce congé au milieu d'autres pièces présentées pour être signées de confiance, et aurait ainsi subtilisé l'approbation du signataire. L'acte, volontairement signé, ne contiendrait pas des dispositions autres que celles que le signataire a cru signer; il n'y aurait altération de la vérité ni dans les termes, ni dans le sens, ni dans l'objet de l'acte signé, il y aurait simplement une fraude dans le moyen à l'aide duquel la signature a été obtenue (1);

D'utiliser un blanc laissé dans un acte, en y insérant des conventions différentes de celles que cet acte avait pour objet de constater (2);

De biffer une quittance apposée au bas d'un écrit contenant obligation ou engagement (3);

De prendre par écrit un nom idéal (4);

Mais non dans le fait d'un voiturier qui prend un chargement de marchandises sous un faux nom, s'il n'a signé la lettre de voiture, ni aucune autre pièce de ce faux nom (5);

D'un militaire qui se fait immatriculer sur les registres d'un régiment sous un faux nom, sans prendre ce faux nom par écrit (6).

f. L'altération de la vérité est intellectuelle lorsqu'elle consiste dans des énonciations mensongères in-

<hr>

(1) B. c. 1857, 303.
(2) B. c. 1807, 140.
(3) B. c. 1844, 220.
(4) B. c. 1808, 142.
(5) B. c. an XIII, 414.
(6) B. c. 1810, 73.

troduites dans les actes au moment de leur rédaction ou confection.

Mais ces déclarations mensongères né peuvent devenir un élément de faux avec les caractères d'écriture authentique ou publique, d'écriture de commerce, d'écriture privée, de certificat, inhérents à l'acte dans lequel on les a introduites, qu'autant que cet acte a pour objet de telles déclarations, et qu'elles appartiennent à sa substance (1).

Telles ne seraient pas :

Dans une requête d'avoué, l'énonciation d'une qualité fausse, un tel acte n'ayant pas pour objet de constater les qualités des parties;

Dans des actes de procédure, des dires mensongers(2);

Dans un effet de commerce, l'énonciation *par procuration de*..... apposée au-dessus de la signature du souscripteur, parce qu'elle ne prouve pas par elle-même le pouvoir et la qualité supposés (3);

Dans des actes notariés, de fausses déclarations d'âge (4);

Dans un acte de naissance, une énonciation mensongère sur la légitimité de l'enfant, une fausse déclaration de paternité, parce que l'acte de naissance ne fait pas preuve de la légitimité, mais seulement de la naissance; il en serait autrement de l'attribution à la naissance d'une date mensongère, l'acte de naissance ayant pour objet de constater cette date (5).

(1) B. c. 1841, 119; — 1851, 251.
(2) B. c. 1815, 8, 17; — 1856, 166.
(3) J. c. 1845, 22 avril.
(4) J. c. 1808, 5 février.
(5) B. c. 1808, 187; — 1809, 169.

g. Le jury doit être interrogé sur le fait qui constitue l'altération de la vérité, tel qu'il a été spécifié par l'arrêt de renvoi; toutefois, le président des assises ne doit pas s'astreindre à reproduire des énonciations qui, aux débats, seraient reconnues erronées. Les différences qu'il introduit entre les énonciations de l'arrêt de renvoi et les questions par lui posées au jury, n'entraîneraient la nullité du verdict que si elles étaient de nature à induire en erreur sur le fait lui-même. C'est ainsi que les différences portant sur la date de l'écrit argué de faux, sur la date de l'exigibilité des promesses qu'il contient, sur le chiffre des sommes auxquelles ces promesses s'élèvent, n'engendre aucune nullité, si d'ailleurs l'identité de l'acte est établie par d'autres circonstances spécifiées dans l'arrêt de renvoi et reproduites dans les questions soumises au jury (1).

Intention frauduleuse.

h. L'appréciation de l'intention de nuire appartient irréfragablement à la chambre des mises en accusation. Après avoir reconnu constants les faits constitutifs du faux matériel et nuisible, elle peut dépouiller ces faits de tout caractère de criminalité en décidant qu'ils n'ont été accompagnés d'aucune intention frauduleuse (2).

i. L'intention de nuire doit être spécifiée, à peine de nullité, dans l'arrêt de renvoi et dans la question posée au jury. — Si elle résulte virtuellement de la nature de

______

(1) B. c. 1827, 171; — 1845, 33.
(2) B. c. 1838, 45; — 1843, 279.

l'écrit argué de faux ou du mode de falsification, il n'y a pas lieu de l'énoncer en termes exprès ; elle se trouvera suffisamment constatée par la mention qui sera faite de la nature de l'écrit falsifié et des circonstances de la falsification. Si elle ne résulte pas nécessairement de la nature de l'écrit et du mode de falsification, l'arrêt de renvoi doit en faire une mention spéciale ; mais il est inutile que cette mention soit reproduite dans la question posée au jury. Dans l'une et l'autre hypothèses, la question intentionnelle est implicitement soumise au jury par la formule : *N... est-il coupable d'avoir.... (1)* ?

Il en est autrement dans le cas où la loi pénale mentionne expressément la fraude comme élément du crime de faux (C. P., art. 146). Dans ce cas, la question posée au jury, comme l'arrêt de renvoi, doit énoncer textuellement que l'accusé a agi frauduleusement (2).

j. La moralité du faux ne dépend pas de l'effet éventuel de ce faux, elle doit être jugée d'après l'intention de celui qui l'a commis. Ainsi la fabrication d'un acte entaché de nullité, la fausse apposition de la signature d'un individu ne pouvant s'engager, l'apposition d'une signature imaginaire, constitueront cependant le crime de faux, si en fabriquant cet acte ou en apposant cette signature sans valeur légale, le faussaire a manifesté le dessein de nuire à autrui, et si des faux par lui commis ou de la pièce ainsi falsifiée pouvait en effet résulter un préjudice moral ou un préjudice ma-

---

(1) B. c. 1818, 141 ; — 1847, 200.
(2) B. c. 1843, 42, 279 ; — 1844, 48 ; — 1847, 200.

tériel. Tel est le cas d'une obligation nulle pouvant motiver une action en justice nécessaire pour la faire déclarer nulle. Dans ce cas, le faux, malgré les vices de la pièce ou de la signature fabriquée, aura le caractère de faux en écriture authentique, de commerce ou privée, suivant que l'intention manifestée du faussaire aura été de donner à l'acte par lui fabriqué l'apparence d'un acte en écriture authentique ou de commerce ou privée, et que le préjudice possible aurait été celui qu'un tel acte, en le supposant valable, était de nature à produire (1).

Mais il faut que les vices entraînant la nullité de l'acte soient cachés et que cet acte présente des apparences de validité suffisantes pour induire en erreur; tel ne serait pas un acte public attribué à une personne sans qualité pour le dresser.

k. L'intention criminelle est suffisamment établie par la possibilité du préjudice, lorsque l'auteur du faux ne pouvait ignorer cette possibilité de préjudice.

Possibilité de préjudice.

l. Le préjudice ou la possibilité de préjudice, considérés comme élément du crime de faux, existent toutes les fois que la falsification est de nature à léser les tiers ou le public dans leurs intérêts matériels ou moraux,—lors même que le faux n'a pu profiter à personne (2);

(1) B. c. 1842, 194; — 1843, 78; — 1844, 390.
(2) B. c. 1807, 200; — 1809, 67; — 1819, 33; — 1827; 33, 36; — 1831, 111; — 1840, 166; — 1850, 348; — 1852, 374.

Lors même que la restitution des sommes soustraites à l'aide du faux est garantie (1);

Par cela seul que le préjudice a été possible au moment de la perpétration du faux, quels que puissent être les événements ultérieurs, et lors même qu'une circonstance survenue avant la réalisation du préjudice le rendrait désormais impossible (2);

Lors même que le titre faux aurait été fabriqué pour avoir payement d'une dette légitime (3).

Le préjudice peut résulter aussi bien d'une atteinte portée à l'honneur que d'une atteinte portée à la fortune d'autrui (4).

m. Il y a préjudice pouvant constituer un élément de faux dans le fait :

De se faire remettre de l'argent ou des marchandises à l'aide de fausses lettres missives, bien qu'elles ne contiennent ni obligation ni décharge, à l'aide de certificats signés de faux noms (5);

De fabriquer de faux certificats pour faire obtenir l'ordre de la Légion d'honneur (6);

D'apposer de fausses signatures sur une pétition adressée à l'autorité administrative à l'effet de faire destituer un garde champêtre, lors même que la pétition serait en même temps revêtue de signatures véritables (7);

De contrefaire sur une pétition adressée aux Assem-

(1) B. c. 1848, 195.
(2) B. c. 1807, 249.
(3) B. c. 1809, 137; — 1853, 495.
(4) B. c. 1813, 247; — 1852, 374; — 1859, 266
(5) B. c. 1816, 69; — 1828, 122.
(6) B. c. 1821, 128.
(7) B. c. 1810, 97.

blées législatives la signature de plusieurs citoyens, ce fait portant atteinte à un intérêt d'ordre général et public (au droit de pétition et à la dignité de l'Assemblée) (1) ;

D'apposer sur une lettre de change une acceptation signée de la fausse signature d'un mineur, bien qu'en raison de la minorité de l'accepteur l'acceptation soit nulle (2) ;

D'ajouter au bas d'un billet à ordre qu'il est payable à un domicile que le souscripteur n'avait pas indiqué (3) ;

D'essayer de se cacher sous un faux nom pour échapper à une poursuite judiciaire, lorsque ce nom supposé se rattache par quelque circonstance à un individu spécialement désigné (4) ;

D'insérer dans des polices d'assurances des conventions autres que celles qui avaient été convenues, dans le but d'augmenter la prime à payer (5).

D'altérer un registre domestique, en vue d'une production préjudiciable à autrui et effectuée en vue de ce préjudice (6);

D'avoir, par un notaire, dans la rédaction d'un procès-verbal d'adjudication publique d'immeubles, dénaturé frauduleusement la substance et les circonstances de cet acte, en lui donnant une date postérieure au jour où il a été réellement passé (7) ;

(1) B. c. 1850, 318.
(2) B. c. 1812, 194.
(3) B. c. 1853, 126.
(4) B. c. 1855, 122; — 1857, 248; — 1858, 185.
(5) B. c. 1859, 121.
(6) B. c. 1847, 162.
(7) B. c. 1853, 483.

D'avoir, par un notaire, dans un acte contenant dissolution de société et cession par un associé à un autre, de sa part sociale, ajouté après coup une mention qui, ayant pour objet de dissimuler la part cédée, a donné lieu à une demande en réduction des droits perçus (1);

D'avoir, par un notaire, dans un acte pour la validité duquel la loi exige la présence des témoins à la lecture et à la signature, ajouté après coup la mention mensongère de cette présence, cette mention étant de nature à faire disparaître une nullité qui pouvait profiter à autrui (2);

D'avoir, par un notaire, apposé une date fausse sur un procès-verbal d'adjudication (3);

D'avoir, par un notaire, altéré matériellement un acte de son ministère, dans le but de dissimuler une contravention et d'échapper ainsi à une poursuite judiciaire, dissimulation qui préjudicie à l'intérêt public (4);

D'avoir, par un notaire, postdaté des actes de son ministère et fait usage de ces actes, lors même qu'il n'a eu aucune intention de nuire aux parties et n'a eu d'autre but que d'échapper au payement des droits d'enregistrement (5);

D'avoir, par un négociant en boissons, à l'aide d'acquits-à-caution fictifs et d'expéditions simulées, fait altérer par les agents des contributions indirectes, dans les fonctions de leur ministère, les faits que ces actes avaient pour objet de constater, ces fausses constatations étant de nature à préjudicier aux droits du trésor public (1).

Il n'y a pas de préjudice dans le fait d'avoir, dans de certains actes notariés, constaté la présence des témoins instrumentaires ou du notaire en second, bien qu'ils fussent absents.

Mais dans certains actes seulement; il n'en serait pas ainsi, dans un acte de cession, de la fausse constatation que le payement a été effectué en présence des témoins, alors que ces témoins étaient absents, une telle énonciation renferme les éléments du faux, notamment le préjudice (2).

Il n'y a pas de préjudice dans le fait d'avoir, dans la rédaction d'un billet sous seing privé qu'on a signé soi-même, inséré des énonciations mensongères; mais s'il arrive que ce billet étant endossé par un tiers dans son état primitif, le signataire y fasse après coup des intercalations de nature à nuire à l'endosseur, il n'en est plus ainsi, et le faux devient préjudiciable (3).

Il n'y a pas de préjudice dans le fait de tirer une lettre de change sur soi-même sous un faux nom, parce qu'il n'y a titre contre qui que ce soit.

Mais il en sera autrement si le prétendu tireur endosse la lettre de change et la négocie (4).

Il n'y a pas de préjudice dans le fait d'avoir frauduleusement et avec intention de nuire, fabriqué un acte contenant des déclarations mensongères, alors que cet acte ne fait preuve que contre celui qui l'a souscrit,

(1) B. c. 1860, 101.
(2) B. c. 1860, 28.
(3) B. c. 1858, 208.
(4) B. c. 1843, 78.

ne peut lui faire un titre et n'établit pas contre des tiers la réalité de la convention, un tel acte ne constitue qu'un dol civil (1).

Il n'y a pas de préjudice dans la fabrication d'actes faux qui ne sont propres qu'à appeler sur ceux qui en font usage la bienveillance des particuliers, et à leur faire obtenir de ceux-ci des secours à titre d'aumône, s'ils ne renferment d'ailleurs ni obligation, ni décharge, ni convention, ni dispositions de nature à causer lésion à des tiers (2).

n. Le caractère préjudiciable du faux est un point de fait dont l'appréciation appartient irréfragablement à la chambre des mises en accusation. — Après avoir reconnu constants les faits matériels de faux et l'intention frauduleuse, elle peut dépouiller ces faits de toute criminalité en déclarant qu'il n'y a pas eu préjudice possible (3).

o. Le caractère préjudiciable du faux doit être spécifié dans l'arrêt de renvoi et dans la question posée au jury, à peine de nullité. — Dans la plupart des cas il résulte virtuellement de la nature de l'écrit argué de faux, et alors il se trouve suffisamment constaté par la seule énonciation de la falsification de cet écrit. Quand il ne résulte pas nécessairement de la nature de l'écrit falsifié, il y a obligation d'énoncer en termes formels que le faux a causé ou pu causer préjudice à autrui (4).

(1) B. c. 1859, 170.
(2) B. c. 1845, 64.
(3) B. c. 1840, 166.
(4) B. c. 1826, 173; — 1838, 9; — 1842, 277; — 1843, 78, 279; — 1848, 5, —1850, 176.

Le préjudice est virtuellement compris dans le fait d'avoir, par un notaire, altéré ou falsifié un acte quelconque de son ministère, la falsification ou l'altération introduite dans un acte authentique attaquant essentiellement la foi publique, et portant atteinte à la confiance qui est l'âme des transactions sociales. Il est dès lors suffisamment et explicitement constaté dans l'arrêt de renvoi et dans la question posée au jury, qui énonce la falsification d'un acte authentique, et il n'est pas nécessaire de le relater explicitement (1).

Le préjudice résulte, dans certains cas, du mode de perpétration du faux combiné avec la nature de l'acte. Par exemple, la déclaration portant que le faux a été commis par supposition de personne dans une procuration notariée, renferme virtuellement la déclaration que le faux a porté ou pu porter préjudice (2).

p. Toute question de fait tendant à établir le préjudice ou la possibilité de préjudice, qui ressort de l'arrêt de renvoi, peut être posée au jury. Lui demander si l'accusé est coupable d'avoir inséré une fausse mention *ayant pour objet d'opérer obligation*, n'est pas lui poser la question de savoir si la falsification imputée à l'accusé opérait ou non obligation valable, et par là même l'appeler à résoudre une question de droit, mais l'appeler seulement à déclarer l'existence du faux et la possibilité du préjudice, question de fait dont l'appréciation lui appartient (3).

q. Il ne suffit pas, pour qu'il y ait crime de faux, que l'accusé soit déclaré coupable et que l'usage de la pièce

(1) B. c. 1859, 227.
(2) B. c. 1842, 277.
(3) B. c. 1858, 279.

fausse soit déclaré constant, il faut que le caractère nuisible de la pièce ressorte de l'ensemble des faits déclarés par le jury (1).

r. Les magistrats du lieu où le préjudice a été causé sont compétents pour instruire contre le faussaire, lors même que ce lieu ne serait pas celui de sa résidence ni celui de son arrestation (2).

Usage du faux.

s. L'usage du faux peut constituer un crime distinct du crime de faux ; il est puni, dans certains cas, de peines moindres (C. pén., art. 148, 151, 156, 164), il n'est jamais puni de peines plus fortes (3).

t. L'usage comme la fabrication du faux, n'est criminel qu'autant qu'il est accompagné des circonstances d'intention frauduleuse et de préjudice.

L'intention frauduleuse réside dans le seul fait. d'avoir usé d'un écrit faux sachant qu'il était faux. — Mais cette dernière circonstance est indispensable, elle doit être, à peine de nullité, énoncée dans l'arrêt de renvoi et reproduite dans la question posée au jury. — Il y a énonciation suffisante dans les mots : *sciemment fait usage* (4).

u. Le fait d'usage implique par lui-même le préjudice ou la possibilité de préjudice. En constatant qu'il a été fait usage d'un écrit faux, on constate le caractère préjudiciable de cet écrit et la réalisation ou la possibilité

(1) B. c. 1838, 9.
(2) B. c. 1848, 332.
(3) B. c. 1827, 62, 63; — 1828, 9, 63, 146.
(4) B. c. 1844, 310.

de réalisation du préjudice, à la condition toutefois que le caractère nuisible de la pièce dont il a été fait usage ressorte de l'ensemble des faits déclarés par le jury. (*V.* ci-dessus, observation *q.*)

v. Il peut y avoir usage criminel d'un écrit faux dont la fabrication n'aurait pas été criminelle, tel serait l'usage frauduleux d'un faux fabriqué sans intention de nuire. — Pour que l'usage d'un écrit faux soit punissable, il n'est pas nécessaire, en effet, que cet écrit ait été falsifié dans un but nuisible, il suffit que celui qui s'en sert connaisse le vice matériel de sa falsification. En usant du faux, il se l'approprie, et à cet instant il lui imprime par l'emploi qu'il en fait sciemment le caractère frauduleux qui lui avait manqué jusqu'alors. (*V.* ci-dessus, observation *u.*)

ω. Aucune disposition de loi n'oblige le président des assises à spécifier les circonstances qui sont de nature à constituer l'usage des pièces fausses, lors même que ces circonstances ont été énoncées dans l'arrêt de renvoi. La question posée en ces termes : *N... a-t-il fait sciemment usage...* purge l'accusation (1).

y. Mais l'usage du faux n'étant puni qu'autant que l'écrit dont on a fait emploi avait été falsifié de l'une des manières énumérées aux art. 145, 146, 147, 150 du Code pénal, l'arrêt de renvoi doit spécifier et la question posée au jury doit reproduire les circonstances établissant quel a été le mode de falsification de cet écrit.

L'usage d'un faux étant puni de peines différentes suivant que ce faux avait été commis en écriture authen-

(1) B. c. 1853, 77.

tique, de commerce ou privée, l'arrêt de renvoi doit encore spécifier en fait et la question posée au jury doit reproduire les circonstances servant à déterminer quel était à ce point de vue le caractère de la pièce dont il a été fait usage. — L'arrêt de renvoi doit de plus énoncer en droit que cette pièce était un acte faux en écriture authentique, de commerce ou privée. (*V.* ci-dessus, observations *a*, *b*, *c*.)

z. Lorsque, dans une accusation de faux ou d'usage de faux, il a été posé au jury deux questions distinctes, il est inutile de reproduire dans la question sur l'usage les énonciations relatives à la nature de l'écrit falsifié et au mode de falsification qui se rencontrent dans la question sur la fabrication du faux, — il suffit que sur ce point la seconde question se réfère à la première (1).

ac. Lorsqu'un même individu est accusé de fabrication et d'usage d'une pièce fausse, la réponse négative du jury sur le fait de fabrication ne le dispense pas de répondre sur le fait d'usage (2).

ad. Il a été jugé que dans certains cas le président des assises ne contrevient pas aux dispositions de l'art. 1er de la loi du 19 mai 1836, en réunissant dans la question qu'il soumet au jury le fait d'avoir fabriqué une pièce fausse et celui d'avoir fait usage de cette pièce ; une telle question peut n'être pas entachée de complexité. Il est mieux néanmoins de poser deux questions, afin d'éviter une réponse négative sur l'ensemble de la part des jurés qui jugeraient la culpabilité établie sur l'un des chefs (3). (*V.* p. 58, obs. *ca*).

(1) B. c. 1826, 17.
(2) B. c. 1851, 166.
(3) B. c. 1853, 156.

ad. L'art. 380 du Code pénal, portant que les soustractions commises par des parents au préjudice de parents à certains degrés ne pourront donner lieu qu'à des réparations civiles, n'est pas applicable aux cas de soustractions commises à l'aide de faux (1).

ae. Bien que le faux soit, dans certaines circonstances, un moyen de commettre une escroquerie, la Cour d'assises ne peut poser subsidiairement la question d'escroquerie, ce délit constituant un fait nouveau, distinct du faux et étranger à l'accusation d'où il ne dérive pas; de même, en cas de détournement d'une mineure à l'aide d'une lettre portant une fausse signature, il y a lieu à deux accusations distinctes, et procédant séparément l'une sur le faux, l'autre sur le détournement (2).

af. Mais la Cour d'assises ou le président peuvent poser comme résultant des débats toute question qui, bien que formulant une accusation différente de la première, en ce sens qu'elle est prévue par une autre disposition de la loi, n'est toutefois que la reproduction du fait préventif envisagé sous un autre point de vue et présentant un autre caractère pénal (3).

Ainsi :

Dans une accusation de fabrication de faux, une question d'usage du faux (4);

Dans une accusation de faux consommé, une question de tentative (5);

(1) B. c. 1829, 277.
(2) B. c. 1838, 77. — 1844, 27.
(3) B. c. 1838. 124. — 1856, 386.
(4) S. 1847, p. 95.
(5) B. c. 1830, 227.

Dans une accusation où l'accusé est présenté comme auteur, une question de complicité (1);

Dans une accusation de complicité, une question qui présente l'accusé comme auteur ou coauteur (2).

Dans une accusation de faux en écriture privée, une question de faux en écriture authentique et publique, en écriture de commerce ou de banque, de délivrance d'une feuille de route et réciproquement, de faux dans les passe-ports, certificats, permis de chasse, feuilles de route (3).

ag. Tout individu déclaré coupable de faux ou d'usage de pièces fausses doit être condamné à l'amende (C. pén., art. 164), encore bien que des circonstances atténuantes aient été admises en sa faveur et aient permis d'abaisser la peine corporelle jusqu'à l'emprisonnement (4).

ah. Une Cour d'assises saisie de la connaissance d'un crime de faux ou d'usage de pièces fausses, qui croit reconnaître à la charge d'un témoin des indices de coopération, peut, aux termes de l'art. 462 du Code d'instruction criminelle, relever les faits qui sont de nature à établir cette coopération et renvoyer devant le juge compétent : le président peut même décerner un mandat d'amener (5).

---

(1) B. c. 1818, 59; — 1811, 19.
(2) B. c. 1849, 19.
(3) B. c. 1837, 206.
(4) B. c. 1845, 74.
(5) B. c. 1843, 56.

I

FAUX EN ÉCRITURES AUTHENTIQUES

ET PUBLIQUES

PAR DES FONCTIONNAIRES OU OFFICIERS PUBLICS

**soit dans des actes ou sur des registres clos,
soit par fabrication d'actes.**

C. P., art. 145. — Tout fonctionnaire ou officier public qui, dans l'exercice de ses fonctions, aura commis un un faux,

Soit par fausses signatures,

Soit par altération d'actes, écritures, ou signatures, soit par supposition de personnes,

Soit par des écritures faites ou intercalées sur des registres ou d'autres actes publics, depuis leur confection ou clôture,

Sera puni des travaux forcés à perpétuité.

C. P., art. 148. — Dans tous les cas exprimés au présent paragraphe, celui qui aura fait usage des actes faux sera puni des travaux forcés à temps.

C. P., art. 163. — L'application des peines portées contre tout ceux qui ont fait usage d'écrits faux, contrefaits, fabriqués ou falsifiés, cessera toutes les fois que le faux n'aura pas été connu de la personne qui aura fait usage de la chose fausse.

C. P., art. 164. — Il sera prononcé contre les coupables une amende dont le minimum sera de cent francs et le maximum de trois mille francs; l'amende pourra cependant être portée jusqu'au quart du bénéfice illégitime que le faux aura procuré ou était destiné à procurer aux auteurs du crime, ou délit, à leurs complices ou à ceux qui ont fait usage de la pièce fausse.

C. Inst. crim., art. 463. — Lorsque des actes authentiques auront été déclarés faux en tout ou en partie, la Cour ou le tribunal qui aura connu du faux ordonnera qu'ils soient rétablis, rayés ou réformés, et du tout il sera dressé procès-verbal.

Les pièces de comparaison seront renvoyées dans les dépôts d'où elles auront été tirées, ou seront remises aux personnes qui les auront communiquées ; le tout dans le délai de quinzaine à compter du jour de l'arrêt ou du jugement, à peine d'une amende de cinquante francs contre le greffier.

Loi du 21 mars 1862, art. 43. — Toute substitution, tout remplacement militaire, effectué au moyen de pièces fausses, sera déféré aux tribunaux, et sur le jugement qui prononcerait la nullité de l'acte de substitution ou de remplacement, l'appelé sera tenu, etc.

Faux en écritures publiques ou authentiques.

ai. Sont considérés comme écritures publiques ou authentiques en tant qu'élément du crime de faux : 1° l'acte authentique tel qu'il est défini par l'art. 1317 du Code civil ; c'est à savoir : l'acte reçu par officiers publics ayant le droit d'instrumenter dans le lieu où l'acte a été rédigé, et avec les solennités requises ; 2° toutes pièces émanées d'officiers publics procédant en vertu d'un mandat de la loi ou fabriquées sous le nom même imaginaire de ces officiers publics, lorsqu'elles sont de nature à compromettre des intérêts publics ou privés dans l'ordre matériel comme dans l'ordre moral (1).

Tels sont :

Les actes du gouvernement ;

______

(1) B, c, 1825, 86 ; — 1833, 501 ; — 1851, 150.

Les arrêtés des ministres, des directeurs généraux, des préfets, des maires ;

Les arrêts et jugements des Cours et tribunaux;

Les décisions des conseils de préfecture ;

Les actes de l'état civil (1) ;

Les actes notariés, les actes des greffiers, avoués, huissiers, agents de change, courtiers ;

Les registres d'administrations financières, bulletins, quittances, bordereaux, mandats, avertissements, certificats émanés des agents de ces administrations, lorsque ces pièces contiennent des énonciations qui engagent ou libèrent le trésor ou les particuliers (2) ;

Les états de situation dressés par les piqueurs des ponts et chaussées (3) ;

Les procès-verbaux de bois façonnés par les agents de l'administration des forêts (4) ;

Les bulletins délivrés par les préposés aux poids publics (5) ;

Les caractères ou chiffres apposés sur les lettres par l'administration des postes pour exprimer leur poids ou le prix de leur port (6) ;

Les registres de perception des octrois municipaux (7);

Toutes pièces comptables sur le vu desquelles les dépositaires de deniers publics effectuent des payements valables (8) ;

(1) B. c. 1818, 73. — 1843, 42.
(2) B. c. 1807, 123 ; — 1829, 158 ; — 1842, 95 ; — 1852, 256
(3) B. c. 1837, 127.
(4) B. c. 1828, 273.
(5) B. c. 1837, 432.
(6) B. c. 1849, 267; — 1842, 95.
(7) B. c. 1829, 143.
(8) B. c. 1825, 86.

Des écritures déguisées sous une forme ancienne reproduisant des actes publics, sentences, actes d'aveu, intercalées dans un dépôt public, si elles peuvent avoir des conséquences légales préjudiciables à des tiers (1).

Les actes de procédure, un acte introductif d'instance, une requête présentée au président du tribunal, etc. (2);

Les procès-verbaux des officiers de police judiciaire;

Les registres d'écrou (3);

Les registres matricules des corps de l'armée (4);

Les certificats de bonne conduite, de libération du service militaire, délivrés par les conseils d'administration des régiments (5);

Les certificats des maires nécessaires pour être admis comme remplaçant dans l'armée (6);

Tous certificats émanant de fonctionnaires publics dont la production est nécessaire pour l'admission à un service public (7);

Les lettres d'ordination conférant la prêtrise (8);

Les actes émanant des vicaires généraux pour la discipline ecclésiastique (9);

Les diplômes délivrés par le ministre de l'instruction publique, les brevets de capacité (10);

(1) B. c. 1850, 389; — 1851, 333.
(2) J. P. 1839, 1, 605.
(3) B. c. 1827, 93; — 1838, 45.
(4) B. c. 1852, 1.
(5) J. P. 1842, 1, 502; — 1843, 2, 468; — B. c. 1845, 180
(6) B. c. 1836, 20, 74, 152; — 1851, 231.
(7) B. c. 1836, 387; — J. P. 1837, 2, 337.
(8) B. c. 1840, 184, 242.
(9) B. c. 1852, 279.
(10) B. c. 1825, 464; — 1833, 357; — 1841, 368.

Les registres des académies destinés à l'inscription des noms des candidats qui se présentent aux examens ;

Les plans du cadastre (1).

ai. Ne sont pas considérées comme écritures publiques ou authentiques les notes et les mentions annexées aux actes authentiques, sans en faire partie intégrante, alors même que ces notes ou mentions ont été inscrites par l'officier-rédacteur de l'acte et en exécution d'instructions ministérielles. Mais il en est autrement des écritures tracées sur le même papier que l'acte public, bien qu'elles n'émanent pas d'un officier public lorsque, s'incorporant à l'acte, elles ont pour résultat d'en compléter ou d'en modifier le sens (2);

Ne sont pas considérés comme écritures publiques les certificats, bien qu'émanés de fonctionnaires publics, qui ne contiennent que des recommandations officieuses dans l'unique objet d'appeler, soit de la part du gouvernement, soit de la part des particuliers, des témoignages d'intérêt (3).

Les énonciations insérées dans un acte authentique, que cet acte n'avait pas pour objet de constater, et qui n'appartiennent pas à sa substance (*V.* ci-dessus, p. 5, observation *f*.)

aj. Le faux en écriture publique résultant de l'inscription d'un enfant sur les registres de l'état civil, sous des noms imaginaires, n'est que le mode de perpétration du

(1) B. c.
(2) J. c. 1844, 29 févr.
(3) B. c. 1836, 58; — 1851, 231.
(4) B. c. 1836, 387.

crime de suppression d'état ; l'action criminelle ne pourra être introduite ou suivie qu'après le jugement définitif sur la question d'état (1).

Fonctionnaire ou officier public.

ak. S'entend de toute personne investie d'une mission légale dont l'exercice est de nature à compromettre des intérêts publics ou privés dans l'ordre matériel ou moral (2).

Tels sont :

Les ministres,

Les magistrats de l'ordre administratif et judiciaire,

Les directeurs et secrétaires généraux des ministères,

Les officiers de l'état civil (3),

Les offficiers de police judiciaire,

Les officiers ministériels,

Les comptables publics (4),

Les officiers de l'Université, investis du droit de conférer les grades universitaires, les recteurs, inspecteurs et secrétaires des académies (5),

Les ingénieurs et préposés des ponts et chaussées (6),

Les membres du clergé catholique chargés de l'administration diocésaine et de la discipline ecclésiastique (7). Par analogie, les membres du clergé protestant et les rabbins revêtus de fonctions de même nature,

(1) B. c. 1849, 167.

(2) B. c. 1825, 86 ; — 1826, 99 ; — 1827, 63 ; — 1833, 501 ; — 1851, 150.

(3) B. c. 1818, 73 ; — 1843, 42.

(4) B. c. 1829, 158 ; — 1842, 95 ; — 1852, 256.

(5) B. c. 1825, 164 ; — 1833, 357.

(6) B. c. 825, 86 ; — 1837, 127.

(7) B. c. 1840, 184, 242 ; — 1852, 279.

Les officiers des armées de terre et de mer investis de fonctions administratives ou judiciaires, les greffiers des conseils de guerre, les intendants et payeurs militaires, les officiers comptables.

al. Le serment seul confère le caractère de fonctionnaire public. Les actes émanés d'un fonctionnaire non assermenté sont des actes en écriture privée (1).

an. La circonstance que l'accusé était fonctionnaire ou officier public au moment de la perpétration du faux, et qu'il a agi dans l'exercice de ses fonctions, est constitutive d'une nature spéciale de crime de faux, prévu et spécifié par les art. 145 et 146 du Code pénal; elle n'en est pas une circonstance aggravante (2). — C'est la réunion de ces deux circonstances qui donne au faux le caractère de faux en écriture publique. Aussi y a-t-il là matière à une appréciation en droit dont la solution appartient à la Cour d'assises. Le jury doit être appelé seulement à constater en fait les circonstances sur lesquelles la Cour s'appuiera pour décider que l'accusé était fonctionnaire public, et qu'il a agi dans l'exercice de ses fonctions. Ainsi, le jury déclarera que *N... est coupable d'avoir, étant officier de l'état civil, et rédigeant en cette qualité un acte de naissance, frauduleusement inséré.....* et à la Cour d'assises sera réservé de décider que ces faits et circonstances constituent à la charge de *N...* le crime de faux commis par un fonctionnaire public dans l'exercice de ses fonctions.

ao. Pour qu'il y ait lieu à l'application de l'article 145, il est nécessaire que le faux ait été commis

(1) B. c. 1837, 285.
(2) B. c. 1842, 277; — 1844, 48, 282.

dans l'exercice des fonctions; il ne suffirait pas qu'il eût été commis à l'occasion de ces mêmes fonctions (1).

ap. Dans une accusation comprenant un fonctionnaire ou officier public comme auteur, et d'autres individus comme complices, la déclaration du jury, en faveur de l'officier instrumentaire, fait disparaître la complicité des crimes prévus par les art. 145 et 146, mais elle ne détruit pas la matérialité du faux, n'altère pas le caractère public des actes; ces faux constituent, à l'égard des complices déclarés coupables, le faux en écriture authentique et publique, défini et puni par les art. 147, 148, 59 du Code pénal.

Commis un faux.

V. Observations générales.

Fausses signatures.

aq. La mention de la fausseté de la signature est un élément de l'accusation du crime de fabrication de faux, elle renferme un point de fait dont la solution appartient au jury (2).

ar. Il y a fausse signature dans l'apposition au bas d'un écrit du nom d'autrui, quelque imparfaite que soit l'imitation de la manière de signer (3).

La simple apposition d'une croix n'est pas une signature (4).

Il y a fausse signature, soit que la signature repro-

---

(1) B. c. 1815, 27 septembre.
(2) B. c. 1857, 72.
(3) B. c. 1851, 333.
(4) B. c. 1827, 136.

duise un nom réel, soit qu'elle n'appartienne à personne et reproduise un nom imaginaire (1).

Il y a fausse signature dans l'apposition de sa propre signature au bas d'un acte, pour simuler la présence d'un autre individu porteur du même nom (2).

as. La fabrication d'une pièce fausse et la contrefaçon de la signature apposée au bas de cette pièce ne sont qu'un même fait, lorsque la pièce n'a de valeur que par la signature, et l'on peut réunir dans une même question au jury ce qui est relatif à la fabrication de l'écrit et ce qui est relatif à la contrefaçon de la signature (3).

av. Il a été jugé que le mot *acte*, dans son acception complète, s'entend d'un acte signé, et, par suite, qu'une question posée sur la fabrication frauduleuse *d'un acte*, implique l'apposition de fausses signatures (4). Le contraire avait été antérieurement jugé.

ax. Il n'y a pas complexité dans une question par laquelle il est demandé au jury si l'accusé a contrefait ou fait contrefaire, apposé ou fait apposer la fausse signature..... fabriqué *ou fait fabriquer un écrit....*; la culpabilité étant la même, soit que l'accusé se soit servi de sa propre main, soit qu'il ait emprunté comme instrument la main d'un autre, les deux branches de l'alternative se rapportent à deux faits complétement assimilés l'un à l'autre et qui entraînent les mêmes conséquences pénales.

(1) B. c. 1839, 161; — 1840, 187.
(2) B. c. 1836, 252, 348 ;
(3) B. c. 1840, 231.
(4) B. c. 1827, 179.

Celui qui fait fabriquer un écrit faux se rend coupable d'une coopération au crime de faux, à titre d'auteur, comme celui qui a lui-même fabriqué l'écrit (1).

Altération des actes.

ay. L'altération peut s'opérer par enlèvement, grattage, biffure, surcharge, addition de caractères, substitution de lettres ou de mots à ceux qui ont été effacés ou supprimés.

Elle ne constitue un élément de faux qu'autant qu'elle a pour effet de modifier le sens de l'acte ou de porter atteinte à sa validité ; telle ne serait pas l'altération de clauses parasites et sans valeur légale (2). (*V.* ci-dessus, pages 4 et 5, observations *e* et *f*.)

Supposition de personnes.

az. La supposition de personnes est un mode de perpétration du faux : c'est un point de fait sur lequel le jury doit être interrogé (3). Il peut être interrogé soit en ces termes : *N.... a-t-il, par supposition de personnes,* soit sur les circonstances de fait qui constituent la supposition de personnes. (*V.* ci-dessus, page 2, observation *c*.)

Écritures faites ou intercalées.

V. ci-dessus, pages 4 et 5, observations *e* et *f*.

bb. La circonstance que les écritures faites ou inter-

(1) B. c. 1844, 349 ; — 1852, 212.
(2) B. c. 1841, 119 ; — 1842, 310.
(3) B. c. 1844, 382.

calées sur des registres ou d'autres actes publics, l'ont été depuis leur confection ou clôture, est une condition substantielle, nécessaire pour constituer le crime de faux prévu par le cinquième paragraphe de l'art. 145. L'intercalation frauduleusement opérée avant la clôture de l'acte ne peut donner lieu à l'application de cet article, mais elle rentre dans les termes de l'art. 146 (1).

bc. Les greffiers qui délivrent expédition d'un jugement avant qu'il soit signé commettent le faux prévu par l'art. 145 du Code pénal et l'art. 139 du Code de procédure civile (2).

bd. Les circonstances de fausse signature, d'altération d'acte, de supposition de personnes, d'intercalation d'écritures sur des registres depuis leur clôture, sont des points de fait constitutifs du crime de faux prévu par l'art. 145, et le jury doit être appelé à s'en expliquer, à peine de nullité. Mais les termes de l'art. 145 ne sont pas sacramentels. Il n'est pas nécessaire que l'apposition de fausses signatures, l'altération des actes, la supposition de personnes, l'intercalation d'écritures, soient énoncées textuellement dans les questions soumises au jury, il suffit qu'elles résultent implicitement des termes dans lesquels ces questions ont été posées (3). (*V.* ci-dessus, page **7**, observation *g*).

Intention frauduleuse.

be. L'art. 145 n'exige pas que l'arrêt de renvoi ni la question posée au jury renferment l'énonciation expli-

(1) B. c. 1843, 149; — 1844, 48.
(2) B. c. 1817, 79.
(3) B. c. 1844, 48.

cite que l'accusé a agi frauduleusement. Cette énonciation se trouve virtuellement comprise pour l'arrêt de renvoi, dans les mots *accusation contre N... d'avoir en..... commis un faux par.....*, et pour la question posée au jury, dans la formule : *N... est-il coupable d'avoir.....* (*V.* ci-dessus, page 7, observation *i*).

Fait usage.

(*V.* p. 16 et suiv., observations *s* à *ah*).

bf. Il y a usage d'un acte faux dans le fait, de la part d'un notaire, de présenter à l'enregistrement, d'expédier ou de délivrer comme authentique un acte entaché de nullité (1).

Amende.

V. ci-dessus, p. 19, observation *ag*.

Lorsque des actes authentiques auront été déclarés faux, la Cour ou le tribunal ordonnera.

bg. Il y a lieu d'appliquer les dispositions de l'art. 463 du Code d'instruction criminelle au cas de faux principal comme à celui de faux incident civil. En conséquence, lorsque la question de faux principal en écriture authentique a été résolue affirmativement, la Cour doit ordonner que les actes déclarés faux par le jury soient rétablis, rayés ou réformés.

bh. Sont constitutives du crime de faux prévu par l'art. 145, les circonstances :

Que le faux a été commis par un fonctionnaire ou officier public;

Qu'il a été commis dans l'exercice de ses fonctions;

(1) B. c. 1860, 224.

Qu'il a été commis par apposition de fausses signatures, — par altération d'écritures ou de signatures, — par supposition de personnes, — par intercalation d'écritures dans des registres ou actes publics, depuis leur confection ou clôture.

bi. Dans une accusation du crime de faux prévu par l'art. 145, l'arrêt de renvoi doit spécifier en fait :

1° Quelle était la fonction exercée par l'accusé ;

2° Les circonstances établissant : qu'il a agi dans l'exercice de cette fonction ; quelle était la nature de l'acte altéré ou fabriqué ; quel était son caractère ; quel a été le mode d'altération de la vérité (apposition de fausses signatures, — altération d'actes, écritures ou signatures, — supposition de personnes, — intercalation d'écritures dans les registres ou actes depuis leur clôture) ; qu'il y a eu intention de nuire ; qu'il y a eu possibilité de préjudice.

En droit :

Que, d'après les faits spécifiés à la charge de l'accusé, il aurait commis un faux criminel ;

Que la fonction dans l'exercice de laquelle il aurait commis ce faux était une fonction publique.

La question posée au jury doit spécifier :

1° Quelle était la fonction exercée par l'accusé ;

2° Les circonstances établissant : qu'il a agi dans l'exercice de cette fonction ; quelle était la nature de l'acte fabriqué ou altéré (1) ; quel était son caractère ; quel a été le mode d'altération de la vérité (apposition de fausses signatures, — altération d'actes, écritures

____
(1) V. ci-dessus, p. 4, observations *c, f, g.*

ou signatures, — supposition de personnes, — intercalation d'écritures dans des registres ou actes depuis
leur clôture); qu'il y a eu intention de nuire (1); qu'il
y a eu possibilité de préjudice (2).

A la Cour d'assises doit être réservé de décider :

Que, d'après les faits et circonstances déclarés constants par le jury, il y a faux criminel; que la fonction
dans l'exercice de laquelle ce faux a été commis était
une fonction publique.

bj. Dans le cas de faux par intercalation d'écritures
dans des registres ou actes, l'arrêt de renvoi doit spécifier en fait :

Les circonstances établissant quelle est la nature de
de l'acte ou du registre dans lequel les écritures ont été
intercalées.

En droit :

Que cet acte ou ce registre est un acte public.

La question au jury doit spécifier :

Les circonstances établissant quelle est la nature de
l'acte ou du registre dans lequel les écritures ont été
intercalées.

Il doit être réservé à la Cour d'assises de décider :

Que, d'après les circonstances déclarées constantes
par le jury, cet acte ou ce registre était un acte public.

bk. Questions résultant des débats.

Le fait imputé à l'accusé comme constituant le crime
de faux défini par l'art. 145, peut se transformer en

____

(1) V. ci-dessus, p. 7 et 8. observations *h* et *i*.
(2) V. ci-dessus, p. 14 et 15, observations *o. p, q*.

tentative, en complicité de ce même crime, en crime de faux, d'usage d'acte faux, tels que les définissent les art. 146 à 162 du Code pénal ;

En complicité de ces divers crimes ou délits, en tentative de ceux qui ont le caractère de crime.

Une question résultant des débats peut dans ces hypothèses être posée au jury, et réciproquement dans le cas où l'un des crimes signalés ici comme subsidiaires est au contraire l'objet de l'accusation principale.

bl. Dans une accusation d'usage d'un acte faux, prévu par les art. 145 et 148, l'arrêt de renvoi doit spécifier, en fait :

1° Qu'il a été fait usage d'un acte fabriqué ou altéré, que cet usage a été fait sciemment ;

2° Les circonstances établissant quelle était la nature de l'acte fabriqué ou altéré dont on a fait usage ; quel était son caractère ; quel a été le mode d'altération de la vérité (apposition de fausses signatures, — altération d'actes, d'écritures ou de signatures, — supposition de personnes, — intercalation d'écritures dans des actes ou registres).

En droit :

Que l'acte dont il a été fait usage était un acte faux en écriture authentique ou publique.

La question posée au jury doit spécifier :

1° Qu'il a été fait usage d'un acte fabriqué ou altéré, que cet usage a été fait sciemment ;

2° Les circonstances établissant quelle était la nature de l'acte fabriqué ou altéré dont on a fait usage, quel était son caractère ; quel a été le mode d'altération de la vérité (apposition de fausses signatures, — altération d'actes, d'écritures ou de signatures, — supposition de personnes, — intercalation d'écritures dans des actes ou registres).

A la Cour d'assises doit être réservé de décider :

Que, d'après les faits et circonstances déclarés constants par le jury, l'acte dont il a été fait usage était un acte faux en écriture publique ou authentique.

bm. Questions résultant des débats. (*V.* ci-dessus, p. 34, observation *bk.*)

FORMULES.

—

FAUSSE SIGNATURE

Fabrication.

<table>
<tr><td>ARRÊT DE RENVOI.</td><td>QUESTIONS AU JURY.</td></tr>
<tr><td valign="top">

1. Accusation contre N..... d'avoir, le....., à....., étant notaire, en fabriquant, comme passé devant lui un acte contenant pouvoir par X..... à Paul de vendre sa terre de..., et en apposant sur cet acte de son ministère la fausse signature X....., commis dans l'exercice d'une fonction publique, un faux par fausse signature.

Crime prévu et puni d'une peine afflictive et infamante, et d'une peine correctionnelle par les art. 145, §§ 1 et 2, et 164 du C. pénal.

</td><td valign="top">

N..... est-il coupable..... d'avoir, le....., à....., étant notaire, fabriqué, comme passé devant lui, un acte contenant pouvoir par X..... à Paul de vendre sa terre de... et apposé sur cet acte la fausse signature X....?

</td></tr>
</table>

Tentative.

2. Accusation contre N... d'avoir, le....., à....., étant notaire, tenté de fabriquer, comme passé devant lui, un acte contenant pouvoir par X..... à Paul de vendre sa terre de..., et d'apposer sur cet acte la fausse signature X...., laquelle tentative, manifestée par un commencement d'exécution, n'a été suspendue (n'a manqué son effet) que par des circonstances indépendantes de la volonté de N...; d'avoir ainsi commis, dans l'exercice d'une fonction publique, une tentative de faux par fausse signature.

Crime prévu, etc., par les art. 145, §§ 1 et 2, et 164 du Code pénal.

N..... est-il coupable..... d'avoir, le....., à....., étant notaire, tenté de fabriquer, comme passé devant lui, un acte contenant pouvoir par X..... à Paul de vendre sa terre de........ et d'apposer sur cet acte la fausse signature X....., laquelle tentative, manifestée par un commencement d'exécution, n'a été suspendue (n'a manqué son effet) que par des circonstances indépendantes de la volonté de N...?

Fabrication et usage.

3. Accusation contre N... d'avoir, le....., à....., étant notaire, en fabriquant, comme passé devant lui, un acte contenant pouvoir par X.,... à Paul de vendre sa terre de..., et en apposant sur cet acte la fausse signature X....., commis dans l'exercice d'une fonction publique, un faux par fausse signature.

Et d'avoir, le....., à....., en le faisant enregistrer, fait sciemment usage dudit acte faux.

Crimes prévus et punis par les art. 145, §§ 1 et 2, 148, 163, 164 du Code pénal.

1. N.... est-il coupable d'avoir, le....., à....., étant notaire, fabriqué, comme passé devant lui, un acte contenant pouvoir par X..... à Paul de vendre sa terre de..., et apposé sur cet acte la fausse signature X.....?

2. N..... est-il coupable d'avoir, le....., à....., fait sciemment usage de l'acte faux ci-dessus spécifié?

Tentative.

4. Accusation contre N... d'avoir, le....., à....., étant notaire, en fabriquant, comme passé devant lui, un acte contenant pouvoir par X..... à Paul de vendre sa terre de..., et en apposant sur cet acte la fausse signature X....., commis, dans l'exercice d'une fonction publique, un faux par fausse signature.

Et d'avoir, le....., à....., tenté de faire enregistrer cet acte qu'il savait faux, laquelle tentative, etc.; d'avoir ainsi tenté sciemment de faire usage d'un acte faux en écriture authentique.

Crimes prévus par les articles 145, §§ 1 et 2, 163, 164, 2, du Code pénal.

1. N.... est-il coupable d'avoir, le....., à....., étant notaire, fabriqué, comme passé devant lui, un acte contenant pouvoir par X..... à Paul de vendre sa terre de....., et apposé sur cet acte la fausse signature X.....?

2. N..... est-il coupable d'avoir, le....., à....., sciemment tenté de faire usage de l'acte faux ci-dessus spécifié, laquelle tentative, etc.?

Usage.

5. Accusation contre N... d'avoir, le....., à....., en faisant enregistrer un acte devant notaire, en date du....., contenant pouvoir par X .... à Paul de vendre sa terre de....., sachant que cet acte était revêtu de la fausse signature X....., fait sciemment usage d'un acte faux en écriture authentique.

Crime prévu, etc., par les art. 147, 148, 163 et 164 du Code pénal.

N.... est-il coupable d'avoir, le....., à....., fait sciemment usage d'un acte devant notaire, en date du....., revêtu de la fausse signature X....., contenant pouvoir par X..... à Paul de vendre sa terre de.....?

Tentative.

6. Accusation contre N... d'avoir, le....., à....., tenté de faire enregistrer un acte devant notaire, en date du....., contenant pouvoir par X..... à Paul de vendre sa terre de....., alors qu'il savait que cet acte était revêtu de la fausse signature X....., laquelle tentative, etc.; d'avoir ainsi tenté sciemment de faire usage d'un acte faux en écriture authentique.

Crime prévu, etc., par les art. 145, 148, 163, 164, 2, du Code pénal.

N....., est-il coupable d'avoir le....., à....., tenté de faire usage d'un acte devant notaire en date du....., contenant pouvoir par X..... à Paul de vendre sa terre de......, alors qu'il savait que cet acte était revêtu de la fausse signature X....., laquelle tentative, etc.?

ALTÉRATION DES ACTES

Fabrication.

7. Accusation contre N... d'avoir, le....., à....., étant notaire, à l'aide d'un grattage et d'une surcharge, substitué, dans la minute de l'acte de vente du domaine de..... par Pierre à Paul, minute déposée dans son étude, aux mots six mille francs, exprimant le prix de la vente, les mots dix mille francs; d'avoir ainsi, dans l'exercice d'une fonction publique, commis, par altération d'acte, un faux en écriture authentique et publique.

N..... est-il coupable d'avoir, le....., à....., étant notaire, à l'aide d'un grattage et d'une surcharge, substitué dans la minute de l'acte de vente du domaine de....., par Pierre à Paul, minute déposée dans son étude, aux mots six mille francs, exprimant le prix de la vente, les mots dix mille francs?

Tentative, usage, *tentative d'usage*. V. ci-dessus les formules n°s 2, 3, 4, 5, 6.

SUPPOSITION DE PERSONNES

Fabrication.

8. Accusation contre N... d'avoir, le....., à....., étant notaire, en recevant en cette qualité un acte contenant vente par X... à Paul de sa terre de....., acte auquel, de concert avec lui, O..... a comparu sous le nom supposé de X....., commis, dans l'exercice d'une fonction publique, un faux par supposition de personne.

Crime prévu, etc., par les art. 145, §§ 1 et 4, et 164 du Code pénal.

N..... est-il coupable d'avoir, le....., à....., étant notaire, reçu en cette qualité un acte contenant vente par X..... à Paul de sa terre de....., acte auquel, de concert avec lui, O..... a comparu sous le nom supposé de X.....?

Tentative.

9. Accusation contre N..... d'avoir, le....., à....., étant notaire, tenté de recevoir en cette qualité un acte contenant vente par X..... à Paul de sa terre de....., acte auquel, de concert avec lui, O....., comparaissait sous le nom supposé de X.....,laquelletentative,etc.; d'avoir ainsi commis, dans l'exercice d'une fonction publique, une tentative de faux par supposition de personne.

Crime prévu par les art. 145, §§ 1 et 4, et 2 du Code pénal.
Usage, tentative d'usage.
V. formules, 2, 4, 7, 8.

N..... est-il coupable d'avoir, le....., étant notaire, tenté de recevoir en cette qualité un acte contenant vente par X..... à Paul de sa terre de....., acte auquel, de concert avec lui, O..... comparaissait sous le nom supposé de X....., laquelle tentative.....?

INTERCALATION D'ÉCRITURES

Fabrication.

10. Accusation contre N...... d'avoir, le..., à..., étant conser-

N..... est-il coupable d'avoir, le... ., à....., étant conservavateur des hypothèques, en intercalant dans un acte d'inscription hypothécaire par lui dressé au profit de Paul, sur une maison appartenant à X...., depuis la confection de cet acte d'inscription, les mots *et sur la terre de*....., laquelle terre appartenait également à X....., commis, dans l'exercice d'une fonction publique, un faux par intercalation d'écritures sur un acte public depuis sa confection.

Crime prévu prévu, etc., par les art. 145, §§ 4 et 5, et 164 du Code pénal.

Tentative, *usage*, *tentative d'usage*. V. formules 2, 3, 4, 5, 6.

vateur des hypothèques, en intercalant dans un acte d'inscription hypothécaire par lui dressé au profit de Paul, sur une maison appartenant à X....., depuis la clôture de cet acte, les mots *et sur la terre de*....., laquelle terre appartenait également à X.....?

II

FAUX EN ÉCRITURES AUTHENTIQUES

ET PUBLIQUES

PAR DES FONCTIONNAIRES OU OFFICIERS PUBLICS

dans la rédaction d'actes de leur ministère.

C. P. art. 146. — Sera aussi puni des travaux forcés à perpétuité, tout fonctionnaire ou officier public qui, tout en rédigeant des actes de son ministère, en aura frauduleusement dénaturé la substance ou les circonstances, soit en écrivant des conventions autres que celles qui auraient été tracées ou dictées par les parties, soit en constatant comme vrais des faits faux, ou comme avoués des faits qui ne l'étaient pas.

C. P. art. 148. — *V.* ci-dessus, p. 21.
C. P. art. 163. — *V.* ci-dessus, p. 21.
C. P. art. 164. — *V.* ci-dessus, p. 21.
C. d'inst. crim., art. 463. — *V.* ci-dessus, p. 22.

Fonctionnaire ou officier public.

V. ci-dessus, p. 26, observations *ak* et suiv.

Rédigeant des actes de son ministère.

bl. L'acte est en cours de rédaction tant qu'il n'est pas revêtu de la signature de toutes les parties contractantes et de celle des officiers instrumentaires. — Si un intervalle s'écoule entre l'apposition de la signature de l'une des parties et l'apposition des autres signatures nécessaires pour le complément de l'acte, les altérations opérées pendant cet intervalle par l'officier instrumentaire doivent être considérées comme ayant eu lieu pendant que l'acte se rédigeait (1). Lors même que l'intervalle aurait été de plusieurs années (2).

Frauduleusement.

bm. L'arrêt de renvoi et la question posée au jury doivent, à peine de nullité, énoncer en termes explicites que l'accusé a agi frauduleusement. — (*V.* ci-dessus, p. 7 et 8, observations *i* et *ï.*

Dénaturé la substance ou les circonstances, en écrivant des circonstances autres.

bn. Bien que l'art. 146 ait principalement pour but la répression du faux intellectuel, il n'en est pas moins applicable aux faux commis à l'aide des moyens matériels énoncés dans l'art. 145, lorsqu'ils ont pour effet de dénaturer la substance ou les circonstances de l'acte au cours de sa rédaction; tel serait notamment le faux consistant dans les intercalations opérées par l'officier instrumentaire, avant la signature de toutes les parties contractantes (3).

En constatant comme vrais des faits faux.

bo. Tels sont : l'officier de l'état civil qui, dans un acte

(1) B. c. 1843, 149.
(2) B. c. 1812, 241.
(3) B. c. 1843, 279; — 1844, 43.

de mariage, constate mensongèrement que ce mariage a été précédé des publications prescrites par la loi (1); le comptable public qui altère son registre de recettes (2); le conducteur des ponts et chaussées qui dresse un faux état de dépense (3); le maire qui ordonnance un mémoire de travaux opérés pour le compte de la commune, lorsque ces travaux n'ont pas eu lieu; le notaire qui donne à un acte une date fausse (4), qui constate que l'acte a été reçu dans son étude et en présence de témoins lorsqu'il l'a reçu hors de son ressort et sans assistance de témoins (5); qui, après coup, signe un acte et le fait signer à des témoins qui n'y ont pas assisté (6); qui, plusieurs années après la passation de l'acte, non signé au moment de la passation par l'un des témoins instrumentaires, le fait signer par ce témoin pour empêcher l'exercice de l'action en nullité (7); qui, dans la rédaction d'un testament, suppose l'accomplissement de formalités sans lesquelles le testament serait nul, lors même qu'il contiendrait d'ailleurs l'expression exacte des volontés du testateur (8); qui délivre expédition d'un acte contenant une fausse mention d'enregistrement (9).

bp. Ne sont pas considérées habituellement comme constitutives du crime de faux certaines altérations de la vérité commises par les officiers publics, encore bien

(1) B. c. 1843, 42.
(2) B. c. 1806.
(3) B. c. 1837, 127.
(4) B. c. 1819, 80; — 1853, 135.
(5) B. c. 1832, 441.
(6) B. c. 1835, 297.
(7) B. c. 1812, 241.
(8) B. c. 1827, 93.
(9) B. c. 1821, 121.

qu'elles puissent devenir préjudiciables à l'intérêt public et même à l'intérêt privé. Telles sont : l'insertion dans un acte notarié d'une date inexacte pour retarder l'exigibilité des droits d'enregistrement ; l'énonciation d'un prix inférieur au prix réel, pour éviter aux parties le payement d'une partie des droits d'enregistrement ; la mention qu'un acte a été reçu dans l'étude du notaire quand il l'a été au domicile de la partie ; que l'acte a été reçu par le notaire quand il l'a été par son clerc. On suppose qu'en écrivant ces énonciations mensongères, l'officier public a agi sans intention de nuire aux parties ou aux tiers ; mais si l'intention frauduleuse était établie, de telles énonciations deviendraient la base d'une accusation de faux (1).

Alors même que les conventions dictées par les parties seraient exactement retracées, il peut y avoir le faux prévu par l'art. 146 si ces conventions constatent des faits faux préjudiciables à des tiers, mais dans ce cas seulement. — La simulation non préjudiciable à des tiers, commise dans un acte par des parties contractantes qui s'accordent à déguiser la vérité, ne peut constituer un fait punissable, encore bien que l'officier rédacteur y ait coopéré (2).

Fait usage.

V. ci-dessus, p. 16, observations *s* et suiv., et p. 32, observation *bf*.

(1) B. c. 1839, 169.
(2) B. c. 1827, 93 ; — 1839, 169 ; — 1841, 118.

bq. Sont constitutives du crime prévu par l'art. 140, les circonstances :

Que l'accusé était officier public ;

Qu'il a agi au cours de la rédaction d'un acte de son ministère ;

Qu'il a dénaturé la substance ou les circonstances de cet acte, en écrivant des déclarations autres que celles qui étaient dictées ou tracées par les parties, soit en constatant comme vrais des faits faux.

br. L'arrêt de renvoi doit spécifier en fait :

Quelle était la fonction de l'accusé ;

Qu'il a agi en rédigeant un acte, la nature de cet acte ou les circonstances établissant sa nature ;

Les circonstances établissant que cet acte était un acte du ministère de l'accusé ; que l'accusé l'a dénaturé frauduleusement ;

Les circonstances établissant qu'il a dénaturé cet acte, soit en écrivant les conventions autres que celles qui avaient été dictées par les parties, soit en constatant comme vrais des faits faux ;

Qu'un préjudice était possible.

En droit :

Que la fonction dont l'accusé était revêtu est une fonction publique ;

Que l'acte dont il aurait dénaturé la substance était un acte de son ministère.

bs. La question posée au jury doit spécifier :

Quelle était la fonction de l'accusé ;

Qu'il a agi au cours de la rédaction d'un acte ;

Quelle était la nature de cet acte ou les circonstances établissant sa nature ;

Les circonstances établissant que cet acte était un acte du ministère de l'accusé ;

Que l'accusé l'a dénaturé frauduleusement ;

Les circonstances établissant qu'il a dénaturé cet acte, soit en écrivant des conventions autres que celles qui avaient été dictées par les parties, soit en constatant comme vrais des faits faux ; qu'un préjudice était possible.

bt. A la Cour d'assises doit être réservé de décider :

Si, d'après les faits et les circonstances déclarés constants par le jury, la fonction de l'accusé était une fonction publique ;

Si l'acte dont il a dénaturé la substance était un acte de son ministère.

Questions résultant des débats. *V.* ci-dessus, p. 34, observation *bk.*

bu. Sont constitutives du crime d'usage d'actes faux, prévu par les art. 146, 148, les circonstances que l'acte dont il a été fait usage était un acte du ministère d'un officier public ; que la substance de cet acte avait été dénaturée par des énonciations étrangères introduites au cours de sa rédaction par l'officier rédacteur qui avait qualité pour le rédiger ;

Qu'en faisant usage de cet acte ainsi dénaturé, on en connaissait les vices.

bv. L'arrêt de renvoi doit spécifier en fait :

Quelle était la nature de l'acte dont il a été fait usage, ou les circonstances établissant sa nature ;

Les circonstances nécessaires pour déterminer :

Que cet acte était un acte du ministère d'un officier public ;

Que sa substance avait été dénaturée au cours de sa rédaction par l'officier rédacteur qui avait qualité pour le rédiger ;

Qu'elle avait été dénaturée par des énonciations mensongères (insertion de conventions autres que celles qui avaient été dictées par la partie, — constatation de faits faux) ;

Que l'accusé, en faisant usage de cet acte, en connaissait les vices.

En droit :

Que l'acte dénaturé dont il a été,fait usage était un acte du ministère d'un officier public ; que l'officier rédacteur et falsificateur de cet acte avait qualité pour le rédiger.

bx. La question posée au jury doit reproduire les énonciations en fait de l'arrêt de renvoi.

by. A la Cour d'assises doit être réservé de décider :

Si, d'après les faits et circonstances déclarés constants par le jury, l'acte dénaturé dont il a été fait usage était un acte du ministère d'un officier public ; si l'officier rédacteur et falsificateur de cet acte avait qualité pour le rédiger.

Questions résultant des débats. V. ci-dessus, p. 34, observation *bk*.

FORMULES

—

PREMIÈRE ESPÈCE
Fabrication.

ARRÊT DE RENVOI.	QUESTIONS AU JURY.

11. Accusation contre N....., d'avoir, le..., à...., étant notaire, et rédigeant en cette qualité, un testament dicté par X..., frauduleusement dénaturé la substance de ce testament, en écrivant que le legs attribué par X... à Paul, s'élevait à cent mille francs, tandis que le testateur déclarait en fixer le chiffre à dix mille francs; d'avoir ainsi, dans la rédaction d'un acte de son ministère d'officier public, frauduleusement dénaturé la substance de cet acte en écrivant des dispositions autres que celles qui avaient été dictées par la partie.

Crime prévu et puni d'une peine afflictive et infamante, et d'une peine correctionnelle par les art. 146 et 164 du Code pénal.

N... est-il coupable d'avoir le..., à..., étant notaire, et rédigeant en cette qualité un testament dicté par X..., frauduleusement dénaturé la substance de ce testament, en écrivant que le legs attribué par X... à Paul s'élevait à cent mille francs, tandis que le testateur déclarait en fixer le chiffre à dix mille francs?

Ou simplement : *en écrivant des dispositions autres que celles qui étaient dictées par le testateur?*

Tentative.

12. Accusation contre N...., d'avoir, le..., à..., étant notaire, et rédigeant en cette qualité un testament dicté par X..., tenté frauduleusement d'en dénaturer la substance en

N... est-il coupable d'avoir, le..., à..., étant notaire, en rédigeant en cette qualité un testament dicté par X...., tenté frauduleusement de dénaturer la substance de ce

écrivant que le legs attribué par X... à Paul s'élevait
à cent mille francs, tandis que
le testateur déclarait en fixer
le chiffre à dix mille francs,
laquelle tentative, manifestée
par un commencement d'exécution, n'a été suspendue que
par des circonstances indépendantes de sa volonté; d'avoir
ainsi, dans la rédaction d'un
acte de son ministère d'officier
public, tenté frauduleusement
d'en dénaturer la substance
en écrivant des dispositions
autres que celles qui avaient
été dictées par la partie.

Crime prévu par les art. 146,
164, 2, du Code pénal.

testament en écrivant que
le legs attribué par X... à
Paul, s'élevait à cent mille
francs, tandis que le testateur
déclarait en fixer le chiffre à
dix mille francs (ou simplement : *en écrivant des dispositions autres que celles qui
étaient dictées par le testateur*), laquelle tentative, manifestée par un commencement
d'exécution, n'a été suspendue
que par des circonstances indépendantes de sa volonté?

Fabrication et usage.

15. Accusation contre N....,
d'avoir, le..., à..., étant notaire et rédigeant en cette qualité un testament dicté par
X..., dénaturé frauduleusement la substance de ce testament en écrivant que le legs
attribué par X... à Paul s'élevait à la somme de cent mille
francs, tandis que le testateur
déclarait le fixer à dix mille
francs; d'avoir ainsi, dans la
rédaction d'un acte de son ministère d'officier public, frauduleusement dénaturé la substance de cet acte en écrivant
des dispositions autres que
celles qui avaient été dictées
par la partie;

Et d'avoir, le..., à..., en
faisant enregistrer ce testament, sachant que sa sub-

1. N.... est-il coupable
d'avoir, le..., à..., étant notaire et rédigeant en cette
qualité un testament dicté par
X..., dénaturé frauduleusement la substance de ce testament en écrivant que le legs
attribué par X... à Paul s'é-
levait à la somme de cent
mille francs, tandis que le testateur déclarait le fixer à dix
mille francs (ou simplement :
*en écrivant des dispositions
autres que celles qui étaient
dictées par le testateur*)?

2. N... est-il coupable
d'avoir, le..., à..., fait usage
du testatement ci-dessus spécifié, sachant que sa substance avait été dénaturée par

stance avait été dénaturée par l'insertion, au moment de sa rédaction, par le notaire rédacteur, de clauses autres que celles qui avaient été dictées par le testateur, fait sciemment usage d'un acte faux en écriture authentique.

Crimes prévus et punis par les art. 146, 147, § 3, 148, 163, 164 du Code pénal.

l'insertion, au moment de sa rédaction, par le notaire rédacteur, de clauses autres que celles dictées par le testateur ?

Tentative.

14. Accusation contre N..., d'avoir, le..., à..., étant notaire, et rédigeant en cette qualité un testament dicté par X..., dénaturé frauduleusement la substance de ce testament en écrivant que le legs attribué par X.... à Paul s'élevait à la somme de cent mille francs, tandis que le testateur déclarait en fixer le montant à dix mille francs; d'avoir ainsi, dans la rédaction d'un acte de son ministère d'officier public, frauduleusement dénaturé la substance de cet acte en écrivant des conventions autres que celles qui avaient été dictées par la partie;

Et d'avoir, le..., à..., tenté de faire enregistrer ce testament, sachant que sa substance avait été dénaturée par l'insertion, au moment de sa rédaction, par le notaire rédacteur, de clauses autres que celles qui avaient été dictées par le testateur, laquelle tentative, etc.; d'avoir ainsi commis une tentative d'usage d'un

4. N... est-il coupable d'avoir, le..., à..., étant notaire, et rédigeant en cette qualité un testament dicté par X..., dénaturé frauduleusement la substance de ce testament, en écrivant que le legs attribué par X... à Paul s'élevait à la somme de cent mille francs, tandis que le testateur déclarait en fixer le montant à dix mille francs?

2. N... est-il coupable d'avoir, le..., à..., tenté de faire usage du testament ci-dessus spécifié, sachant que sa substance avait été dénaturée par l'insertion, par le notaire rédacteur, au moment de sa rédaction, de clauses autres que celles qui avaient été dictées par le testateur, laquelle tentative, etc. ?

acte faux en écriture authentique.

Crimes prévus et punis par
les art. 146, 147, § 3, 148, 163,
164, 2, du Code pénal.

Usage.

15. Accusation contre N...
d'avoir, le..., à.., en faisant
enregistrer le testament par
acte notarié de X..., sachant
que la substance de ce testament avait été dénaturée au
cours de sa rédaction par l'insertion, par le notaire rédacteur, de clauses autres que
celles qui avaient été dictées
par le testateur, sciemment
fait usage d'un acte faux en
écriture authentique.

Crime prévu et puni par les
art. 147, etc.

N.... est-il coupable d'a-
voir, le..., à..., fait usage du
testament par acte notarié de
X..., sachant que la substance
de ce testament avait été dénaturée au cours de sa rédaction par l'insertion, par le notaire rédacteur, de clauses
autres que celles qui avaient été
dictées par le testateur?

Tentative.

16. Accusation contre N...
d'avoir, le..., à..., tenté de
faire enregistrer le testament
par acte notarié de X..., sachant que la substance de ce
testament avait été dénaturée
au cours de sa rédaction par
l'insertion, par le notaire rédacteur, de clauses autres
que celles qui avaient été
dictées par le testateur, laquelle tentative, etc.; d'avoir
ainsi commis une tentative
d'usage d'un acte faux en écriture authentique.

Crime prévu et puni par les
art. 147, § 3, 148, 163, 164, 2,
du Code pénal.

N... est-il coupable d'avoir,
le..., à..., tenté de faire
usage du testament par acte
notarié de X..., sachant que
la substance de ce testament
avait été dénaturée au cours
de sa rédaction par l'insertion,
par le notaire rédacteur, de
clauses autres que celles qui
avaient été dictées par le testateur, laquelle tentative, etc.?

AUTRE ESPÈCE

17. Accusation contre N... d'avoir, le..., à..., étant notaire, et rédigeant en cette qualité un testament dicté par X..., frauduleusement dénaturé les circonstances de ce testament en constatant qu'il en avait été donné lecture au testateur, tandis que cette lecture n'avait pas eu lieu; d'avoir ainsi, dans la rédaction d'un acte de son ministère d'officier public, dénaturé frauduleusemement les circonstances de cet acte, en constatant comme vrais des faits faux.

Crime prévu, etc., par les art. 146 et 164 du Code pénal.

Tentative, usage et tentative d'usage. V. formules 12, 13, 14, 15, 16.

N... est-il coupable d'avoir, le..., à..., étant notaire, et rédigeant en cette qualité un testament dicté par X..., frauduleusement dénaturé les circonstances de ce testament en constatant qu'il en avait été donné lecture au testateur, tandis que cette lecture n'avait pas eu lieu?

Ou simplement : *en constatant comme vrais des faits faux?*

AUTRE ESPÈCE

18. Accusation contre N... d'avoir, le..., à..., étant receveur des contributions indirectes et inscrivant sur son registre de recettes la mention d'un versement opéré par X..., marchand de vins, pour droits de débit, frauduleusement dénaturé la substance de cette mention en constatant que la perception avait été de cinq cents francs sur cinquante pièces de vin, tandis qu'elle avait été de mille francs sur cent pièces; d'avoir ainsi, dans

N... est-il coupable d'avoir, le..., à..., étant receveur des contributions indirectes et inscrivant sur son registre de recettes la mention d'un versement opéré par X..., marchand de vins, pour droits de débit, frauduleusement dénaturé la substance de cette mention en constatant que la perception avait été de cinq cents francs sur cinquante pièces de vin, tandis qu'elle avait été de mille francs sur cent pièces? Ou simplement :

la rédaction d'un acte de son ministère d'officier public, frauleusement dénaturé la substance de cet acte en constatant comme vrais des faits faux.

Crime prévu et puni par les art. 146 et 161 du Code pénal.

Tentative, usage et tentative d'usage. V. fomules 12, 13, 14, 15, 16.

en constatant comme vrais des faits faux?

III

FAUX EN ÉCRITURES AUTHENTIQUES

ET PUBLIQUES

PAR DES PERSONNES NE REMPLISSANT PAS

des fonctions publiques.

C. P., art. 147. — Seront punies des travaux forcés à temps, toutes autres personnes qui auront commis un faux en écriture authentique et publique :

Soit par contrefaçon et altération d'écritures ou de signatures ;

Soit par fabrification de conventions, dispositions, obligations ou décharges, ou par leur insertion après coup dans ces actes ;

Soit par addition ou altération de clauses, de déclarations ou de faits que ces actes avaient pour objet de recevoir et de constater.

C. P., art. 148. — *V.* ci-dessus, p. 21.

C. P., art. 163. — *V.* ci-dessus, p. 21.

C. P., art. 164. — *V.* ci-dessus, p. 21.

C. Inst. crim., art. 463. — *V.* ci-dessus, p. 22.

Loi du 21 mars 1832, art. 43. — *V.* ci-dessus, p. 22.

Faux en écriture authentique et publique.

V. p. 22, observation *ai.*

bz. Pour que le faux renferme les éléments de criminalité déterminés par l'art. 147, il n'est pas nécessaire que l'officier public soit réellement intervenu dans la confection de l'acte déclaré faux. Le crime est consommé si l'acte frauduleusement fabriqué porte les caractères apparents d'un acte authentique ou la fausse signature d'un officier public (1). (V. p. 4, observation *e*, et p. 8, observation *j*.)

Par contrefaçon et altération d'écritures ou de signatures.

V. ci-dessus p. 4, obs. *e* et suiv., p. 28, obs. *aq* et suiv.

Par fabrication de conventions, dispositions, obligations ou décharges.

ca. Commet le faux en écriture authentique et publique par fabrication de conventions prévu par l'art. 147, et non le faux commis par l'art. 145, le notaire qui fabrique sur des minutes de fausses mentions d'enregistrement (2).

Commet le faux par fabrication de conventions prévu par l'art. 147, l'individu qui fabrique une expédition d'un acte notarié n'existant pas;

Celui qui fabrique des pièces fausses et les introduit subrepticement dans un dépôt public (archives départementales) avec le dessein d'en obtenir plus tard des expéditions. — Le fait d'avoir introduit subrepticement les pièces fausses dans le dépôt public est ici un élément du crime non moins que le fait de les avoir fabriquées, et il n'y a pas complexité à interroger le jury par une seule question sur la fabrication et sur l'introduction (3). (V. p. 18, observation *ad*.)

cb. La fabrication de conventions, dispositions, etc., prévue par la première partie du paragraphe 3 de l'art. 147, s'entend non-seulement des actes fabriqués par le

(1) B. c. 1833, 172.
(2) B. c. 1818, 6.
(3) B. c. 1851, 333.

faussaire dans tout leur contenu, mais encore de la fabrication des fausses conventions, ou dispositions introduites dans la rédaction d'actes réguliers d'ailleurs, avant la consommation et la signature de ces actes (1).

Ce faux existe dans le fait d'avoir déclaré faussement au maire, qui en dresse certificat, qu'un individu qui se présente comme remplaçant n'est pas marié (2).

Concourir sciemment à un remplacement militaire opéré à l'aide d'un faux certificat de bonne conduite, constitue également le faux par introduction de fausses conventions dans la rédaction des actes (3).

Commet un faux par fabrication d'obligations insérées dans un acte au moment de sa rédaction, et non un abus de blanc-seing, le mandataire par acte notarié qui remplit, après révocation, le nom laissé en blanc dans la procuration, et qui souscrit avec une antidate une obligation au nom de son prétendu mandant.

Mais le faux commis le sera en écriture authentique, commerciale ou privée, suivant la nature de l'obligation antidatée créée en vertu de la procuration et indépendamment du caractère de cette procuration. La criminalité réside tout entière ici dans la création de l'obligation avec antidate, et nullement dans le fait d'avoir rempli le blanc-seing après révocation ; d'où résulte que si l'obligation par laquelle seule la perpétration du faux s'accomplit, est une obligation sous signature privée, par exemple, le faux aura été commis en écriture privée, bien que la procuration soit un acte authentique (4).

(1) B. c. 1850, 59.
(2) B. c. 1847, 99.
(3) B. c. 1840, 166.
(4) B. c. 1836, 61.

Il y a faux par fabrication d'obligations au cours de la rédaction de l'acte dans l'action d'obtenir la signature d'une personne sur un écrit préparé à l'avance, qui contient des engagements autres que ceux qu'elle croit signer (1).

cc. Les faux par fabrication de conventions, obligations ou décharges dont il s'agit dans la première partie de ce paragraphe, peuvent être entendus de fausses conventions qui auraient été supposées dans la rédaction même des actes par les individus qui y ont paru comme parties contractantes, au préjudice de tiers faussement supposés présents à l'acte. De telles fraudes caractérisent le faux par supposition de personnes, qui se trouve rentrer ainsi dans les termes de l'art. 147, bien qu'il n'y soit pas explicitement énoncé (2).

Dans ce cas, les parties contractantes, si elles ont agi à l'insu et sans participation de l'officier instrumentaire, doivent être mises en accusation comme auteurs du faux prévu par l'art. 147 ; si au contraire l'officier public a participé sciemment à la supposition de personne, il y a lieu de mettre en accusation cet officier public comme auteur du crime prévu par l'art. 145 ou l'art. 146, et les parties contractantes comme étant ses complices (3).

Le faux par supposition de personne implicitement prévu par l'art. 147, peut être commis sans que la personne supposée ait fait aucune écriture ; il suffit qu'à

(1) B. c. 1850, 59.
(2) B. c. 1833, 172.
(3) B. c. 1848, 125 ; — 1844, 310.

l'aide de cette supposition, les faits ou déclarations que l'acte devait constater aient été altérés (1).

Se présenter à l'examen de bachelier ès lettres et se faire recevoir sous un nom autre que le sien, constitue le faux par supposition de personne prévu implicitement pas l'art. 147 (2).

Se présenter devant un conseil de révision sous le nom d'un autre individu appelé et faire valoir des exemptions existant sur la personne dans l'intérêt de celui dont on a pris le nom, se faire admettre par un conseil de révision sous un autre nom que le sien, constitue, non pas le délit prévu par l'art. 43 de la loi du 21 mars 1832, mais le faux par supposition de personne prévu par l'art. 147 du Code pénal (3).

L'engagement militaire contracté sous un faux nom, dans un acte authentique, par un individu non militaire, constitue le crime prévu par l'art. 147 : il est de la compétence des tribunaux ordinaires (4).

Commet encore le faux par supposition de personne implicitement prévu par l'art. 147, celui qui usurpe un faux nom dans un acte d'avoué à avoué (5) ; — qui se fait remettre un exploit par un huissier en se présentant comme la personne assignée ; — qui se présente sous le nom d'un autre pour subir une peine d'emprisonnement (6) ; — qui se présente sous le nom d'un

(1) B. c. 1830, 47 ; — 1835, 85 ; — 1837, 50 ; — 1842, 275. — 1842, 422 ; — 1847,
(2) B. c. 1835.
(3) B. c. 1837, 50 ; — 1842, 275.
(4) B. c. 1841, 349.
(5) B. c. 1839,
(6) B. c. 1827, 33.

autre devant un intendant militaire pour passer un acte de remplacement (1), devant un officier de recrutement pour un acte de devancement d'appel (2) ; — qui faisant frauduleusement usage d'une procuration en blanc qui ne lui avait pas été confiée, se fait consentir une vente authentique et publique. Il y a à la fois, dans un tel fait, faux par supposition de personne et faux par fabrication de conventions (3).

Insertion après coup dans les actes.

V. p. 34, observation *bd*.

Fait usage.

V. ci-dessus, p. 16, observations *s* et suiv.

Annulation des actes déclarés faux.

cd. L'annulation de l'acte de remplacement ordonnée la loi du 21 mars 1832, art. 43, pour le cas où le remplacement a été détermine par l'emploi de pièces fausses, peut être prononcée par la Cour d'assises, même en l'absence de toute réquisition du ministère public et sans que le remplaçant puisse opposer l'absence du remplacé (4).

ce. Sont constitutives du crime prévu par l'art. 147 les circonstances :

Qu'un faux a été commis,

Dans un acte en écriture publique ou authentique,

Par contrefaçon ou altération de signature ; — par fabrication de conventions, dispositions, obligations ou décharges (insertion, intercalation au cours de la ré-

(1) B. c. 1821, 157.
(2) B. c. 1835, 360.
(3) B. c. 1849, 61.
(4) B. c. 1847, 2, 78.

daction des actes, supposition de personnes); — insertion après coup dans les actes; — addition ou altération de clauses, de déclarations ou de faits que ces actes avaient pour objet de recevoir et de constater.

cf. L'arrêt de renvoi doit énoncer en fait :

La nature ou les circonstances établissant la nature de l'acte incriminé;

Les circonstances nécessaires pour déterminer le caractère légal de cet acte;

L'altération et le mode d'altération de la vérité (contrefaçon ou altération d'écritures ou de signatures,etc.), ou les circonstances établissant quel a été ce mode d'altération ;

L'intention frauduleuse ou les circonstances l'établissant;

La possibilité de préjudice ou les circonstances l'établissant.

En droit :

Qu'un faux criminel aurait été commis ;

Que ce faux aurait été commis en écriture publique ou authentique.

La question posée au jury doit reproduire les énonciations en fait de l'arrêt de renvoi.

A la Cours d'assises doit être réservé de décider :

Si, d'après les faits et circonstances déclarés constants par le jury, un faux criminel a été commis ;

Si ce faux a été commis en écriture publique ou authentique.

Questions résultant des débats. — V. ci-dessus, p. 34, observation *bk*.

cg. Sont constitutives du crime d'usage d'actes faux prévu par les art. 147 et 148 du Code pénal, les circonstances :

Que l'acte dont il a été fait usage était un acte en écriture publique ou authentique ;

Qu'il était faux ;

Qu'il était faux par contrefaçon ou altération d'écritures ou de signatures, — par fabrication, etc.;

Qu'en faisant usage de cet acte, on en connaissait les vices.

ch. L'arrêt de renvoi doit énoncer en fait :

L'usage ou les circonstances établissant l'usage ;

La nature ou les circonstances établissant la nature de l'acte dont il a été fait usage ;

Les circonstances nécessaires pour déterminer le caractère légal de cet acte ;

L'altération de la vérité et le mode d'altération, ou les circonstances établisant quel a été ce mode d'altération;

Qu'en faisant usage de l'acte incriminé, l'accusé en connaissait les vices.

En droit :

Que l'acte dont il a été fait usage était un acte en écriture publique ou authentique ;

Que cet acte était faux.

La question posée au jury doit reproduire toutes les énonciations en fait de l'arrêt de renvoi.

A la Cour d'assises doit être réservé de décider :

Si, d'après les faits et circonstances déclarés constants par le jury, l'acte dont il a été fait usage était un acte en écriture publique ou authentique;

Si cet acte était un acte faux.

FORMULES

CONTREFAÇON D'ÉCRITURE
OU DE SIGNATURE

—

ARRÊT DE RENVOI.

19. Accusation contre N...
d'avoir, le..., à..., en contrefaisant un mémoire de travaux
exécutés par X... pour le
compte de la commune de...,
l'ordonnance de payement en
date du..., délivrée au nom
de X... au bas de ce mémoire,
et la signature du maire apposée sur cette ordonnance, commis par contrefaçon de signature un faux en écriture publique.

Crime prévu et puni d'une
peine afflictive et infamante
et d'une peine correctionnelle
par les art. 147, §§ 1 et 2, et 161
du Code pénal.

QUESTIONS AU JURY.

N... est-il coupable d'avoir,
le..., à..., contrefait un mémoire de travaux exécutés
par X..., pour le compte
de la commune de..., l'ordonnance de payement délivrée
au nom de X... au bas de ce
mémoire, et la signature du
maire apposée sur cette ordonnance ?

Tentative.

20. Accusation contre N. .
d'avoir, le..., à..., tenté de
contrefaire un mémoire de
travaux exécutés par X...
pour le compte de la commune
de..., l'ordonnance de payement en date du..., délivrée
au nom de X... au bas de ce
mémoire, et la signature du
maire apposée sur cette ordonnance, laquelle tentative,
manifestée par un commence-

N... est-il coupable d'avoir,
le..., à..., tenté de contrefaire un mémoire de travaux
exécutés par X... pour le
compte de la commune de...,
l'ordonnance de payement en
date du..., délivrée au bas
de ce mémoire au nom de
X..., et la signature du
maire apposée sur cette ordonnance, laquelle tentative,
manifestée par un commence-

ment d'exécution, n'a été suspendue que par des circonstances indépendantes de sa volonté ; d'avoir ainsi commis une tentative de faux en écriture publique, par contrefaçon de signature.

Crime prévu, etc., par les art. 147, §§ 1 et 2, et 164, 2, du Code pénal.

ment d'exécution, n'a été suspendue que par des circonstances indépendantes de sa volonté?

Contrefaçon et usage.

21. Accusation contre N... d'avoir, le..., à..., en contrefaisant un mémoire de travaux exécutés par X... pour le compte de la commune de..., l'ordonnance de payement en date du.... délivrée au bas de ce mémoire au nom de X... et la signature du maire apposée sur cette ordonnance, commis par contrefaçon de signature un faux en écriture publique;

Et d'avoir, le..., à..., en présentant ce mémoire et l'ordonnance de payement annexée qu'il savait contrefaite, au receveur de la commune de...., à l'effet de s'en faire remettre le montant, sciemment fait usage d'un acte en écriture publique faux par contrefaçon de signature.

Crimes prévus, etc., par les art. 147, §§ 1 et 2, 148, 163, 164 du Code pénal.

1. N... est-il coupable d'avoir, le..., à..., contrefait un mémoire de travaux exécutés par X... pour le compte de la commune de..., l'ordonnance de payement en date du..., délivrée au bas de ce mémoire au nom de X..., et la signature du maire apposée sur cette ordonnance?

2. N.. est-il coupable d'avoir, le..., à..., fait usage du mémoire et de l'ordonnance de payement ci-dessus spécifiés, sachant que la signature apposée au bas de cette ordonnance était contrefaite?

Tentative.

22. Accusation contre N... d'avoir, le..., à..., en contrefaisant un mémoire de travaux exécutés par X... pour le compte de la commune de..., l'ordonnance de payement en date du..., délivrée au bas de ce mémoire au nom de X..., et la signature du maire apposée sur cette ordonnance, commis par contrefaçon de signature un faux en écriture publique;

Et d'avoir, le..., à..., tenté de présenter ce mémoire et l'ordonnance de payement annexée, qu'il savait contrefaite, au receveur de la commune de..., à l'effet de s'en faire remettre le montant, laquelle tentative, etc.; d'avoir ainsi tenté sciemment de faire usage d'un acte en écriture publique faux par contrefaçon de signature.

Crimes prévus, etc., par les art. 147, §§ 1 et 2, 148, 163, 164, 2, du Code pénal.

1. N... est-il coupable d'avoir, le..., à..., contrefait un mémoire de travaux exécutés par X... pour le compte de la commune de..., l'ordonnance de payement en date du..., délivrée au bas de ce mémoire au nom de X..., et la signature du maire apposée sur cette ordonnance?

2. N... est-il coupable d'avoir, le..., à..., tenté de faire usage du mémoire et de l'ordonnance ci-dessus spécifiés, sachant que la signature apposée sur cette ordonnance était contrefaite, laquelle tentative, etc.?

Usage.

23. Accusation contre N..... d'avoir, le....., à....., en présentant au receveur de la commune de....., à l'effet de s'en faire remettre le montant, un mémoire de travaux exécutés par X....., pour le compte de ladite commune, et l'ordonnance de payement en date

N..... est-il coupable d'avoir, le....., à....., fait usage d'un mémoire de travaux exécutés par X....., pour le compte de la commune de..... et de l'ordonnance de payement en date du....., délivrée au bas de ce mémoire au nom de X....., sachant que la signature du

du....., délivrée au bas de ce mémoire au nom de X....., sachant que la signature du maire apposée sur ce mémoire était contrefaite, sciemment fait usage d'un acte en écriture publique faux par contrefaçon de signature.

Crime prévu, etc., par les art. 147, §§ 1 et 2, 148, 163, 164 du Code pénal.

maire apposée sur cette ordonnance était contrefaite?

Tentative.

24. Accusation contre N..... d'avoir le....., à....., tenté de présenter au receveur de la commune de....., à l'effet de s'en faire remettre le montant, un mémoire de travaux exécutés par X..... pour le compte de ladite commune, et l'ordonnance de payement en date du....., délivré au bas de ce mémoire au nom de X....., sachant que la signature du maire apposée sur cette ordonnance était contrefaite, laquelle tentative, etc. ; d'avoir ainsi tenté sciemment de faire usage d'un acte en écriture publique faux par contrefaçon de signature.

Crime prévu, etc., par les art. 147, §§ 1 et 2, 148, 163, 164, 2, du Code pénal.

N..... est-il coupable d'avoir, le ....., à....., tenté de faire usage d'un mémoire de travaux exécutés par X..... pour le compte de la commune de....., et de l'ordonnance de payement en date du....., délivrée au nom de X..... au bas de ce mémoire, sachant que la signature du maire apposée sur cette ordonnance était contrefaite, laquelle tentative, etc.?

ALTÉRATION D'ÉCRITURE

ou de signature.

25. Accusation contre N..... d'avoir, le....., à....., en substituant dans la grosse d'un acte

N..... est-il coupable d'avoir, le....., à....., substitué dans la grosse d'un acte notarié par notarié par lequel X..... s'était obligé à lui compter dans le délai de dix années une somme de dix mille francs, les mots *cinq années* aux mots *dix années*, commis par altération d'écriture un faux en écriture authentique.

Crime prévu, etc., par les art. 147, § 2, et 164 du Code pénal.

Tentative, usage, tentative d'usage. V. formules 20, 21, 22, 23, 24.

lequel X..... s'était obligé à lui compter dans le délai de dix années une somme de dix mille francs, les mots *cinq années* aux mots *dix années ?*

FABRICATION DE CONVENTIONS

Fabrication.

26. Accusation contre N..... d'avoir, le....., à....., en fabriquant comme passé devant le notaire X....., un acte en brevet par lequel Paul était censé lui donner mandat d'emprunter en son nom une somme de dix mille francs, commis par fabrication de dispositions un faux en écriture authentique.

Crime prévu, etc., par les art. 147, § 3, et 164 du Code pénal.

Tentative, usage, tentative d'usage. V. formules 20, 21, 22, 23, 24.

N..... est-il coupable d'avoir, le....., à....., fabriqué, comme passé devant le notaire X....., un acte en brevet par lequel Paul était censé lui donner mandat d'emprunter en son nom une somme de dix mille francs ?

AUTRE ESPÈCE.

27. Accusation contre N..... d'avoir, le..., à..., en déclarant mensongèrement au maire de la commune de....., qui en a

N..... est-il coupable d'avoir, le....., à....., déclaré mensongèrement au maire de la commune de....., qui en a dres-

dressé un certificat destiné à être produit devant l'autorité militaire à l'effet de rendre X..... admissible au service en qualité de remplaçant, que X..... n'était point marié, commis par fabrication de dispositions un faux en écriture publique.

Crime prévu. etc., par les art. 147, § 3, et 164 du Code pénal.

Tentative, usage, tentative d'usage. V. formules 20, 21, 22, 23, 24.

sé un certificat destiné à être produit devant l'autorité militaire à l'effet de rendre X..... admissible au service en qualité de remplaçant, que X..... n'était point marié ?

FABRICATION DE CONVENTIONS

par supposition de personne.

28. Accusation contre N..... d'avoir, le....., à....., en se présentant devant X....., notaire, sous le nom de Paul, et en faisant dresser par cet officier ministériel, en présence de témoins, acte d'un testament qu'il a dicté, par lequel Paul était censé disposer d'une partie de sa fortune en faveur de Jean, commis par fabrication de dispositions un faux en écriture authentique.

Crime prévu, etc., par les art. 147, § 3, 146, 164 du Code pénal.

Tentative, usage, tentative d'usage. V. formules 2, 3, 4, 5, 6.

N..... est-il coupable de s'être, le....., à....., présenté devant X....., notaire, sous le nom de Paul et d'avoir fait dresser par cet officier ministériel, en présence de témoins, acte d'un testament qu'il a dicté, par lequel Paul était censé disposer d'une partie de sa fortune en faveur de Jean ?

AUTRE ESPÈCE.

29. Accusation contre N..... d'avoir, le....., à....., en se présentant devant le conseil de révision du département de.....,

N..... est-il coupable de s'être, le....., à....., présenté devant le conseil de révision du département de....., sous le sous le nom de X....., appelé à faire partie du contingent de l'armée, et en faisant valoir des motifs d'exemption existant sur sa personne, dans l'intérêt de X....., commis par fabrication de dispositions un faux en écriture publique.

Crime prévu, etc., par les art. 147, § 2, et 164 du Code pénal.

Tentative, usage, tentative d'usage. V. formules 20, 21, 22, 23, 24.

nom de X....., appelé à faire partie du contingent de l'armée, et d'y avoir fait valoir des motifs d'exemption existant sur sa personne dans l'intérêt de X.....?

INSERTION APRÈS COUP DE CONVENTIONS

dans les actes.

30. Accusation contre N..... d'avoir, le....., à....., en insérant après coup dans la minute d'un jugement du tribunal de première instance de....., en date du....., par lequel X..... était condamné à lui payer la somme de dix mille francs, que cette somme serait exigible par corps, commis par insertion de dispositions après coup un faux en écriture authentique.

Crime prévu, etc., par les art. 147, § 3, et 164 du Code pénal.

Tentative usage, tentative d'usage. V. formules 20, 21, 22, 23, 24.

N..... est-il coupable d'avoir, le....., à....., inséré après coup dans la minute d'un ugement du tribunal de première instance de.....,en date du....., par lequel X..... était condamné à lui payer la somme de dix mille francs, que cette somme serait exigible par corps?

IV

FAUX EN ÉCRITURES DE COMMERCE

ET DE BANQUE.

C. P., art. 147. — Seront punies des travaux forcés à temps
toutes autres personnes qui auront commis
un faux en écriture de commerce ou de
banque,
Soit par contrefaçon ou altération d'écritures
ou de signatures;
Soit par fabrication de conventions, dispositions ou décharges, ou par leur insertion
après coup dans ces actes;
Soit par addition ou altération de clauses, de
déclarations ou de faits que ces actes
avaient pour objet de recevoir et de constater.

C. P., art. 148. — *V.* ci-dessus, p. 21.

C. P., art. 163. — *V.* ci-dessus, p. 21.

C. P., art. 164. — *V.* ci-dessus, p. 21.

Commis un faux.

V. ci-dessus, p. 1, observations générales.

En écriture de commerce ou de banque.

ci. Le faux en écriture de commerce est un crime spé-
cial distinct du faux en écriture privée. La circonstance
que la pièce fausse est en écriture de commerce ou de
banque n'est pas aggravante, mais constitutive. Les
éléments de cette circonstance peuvent être soumis au

jury dans la même question que le fait de faux , sans violation de la loi du 13 mai 1836 (1).

L'art. 147 ne distinguant pas entre les écritures de commerce ou de banque françaises et les écritures de commerce ou de banque étrangères, s'applique à toutes celles qui ont le caractère commercial (2).

cj. La question posée au jury doit énoncer les faits constitutifs de la commercialité de l'écrit argué de faux, mais non que cet écrit est un acte de commerce. C'est là une question de droit du domaine de la Cour d'assises (3). (V. ci-dessus, p. 2, observations *c, d.*)

ck. Sont réputés actes ou écritures de commerce :

Les lettres de change,

Les titres constatant une remise d'argent de place en place (C. comm., art. 632).—La question posée au jury ne doit pas énoncer que la pièce arguée de faux est une lettre de change, ce serait appeler le jury à s'expliquer sur une question de droit, mais elle doit spécifier les circonstances de fait qui donnent à cet écrit le caractère de lettre de change, ou qui constatent la remise de place en place. C. comm., art. 110 (4). — (V. ci-dessus, p. 2, observations *c, d.*)

Les billets à ordre, lorsqu'ils sont souscrits par des négociants, ou lorsque n'étant pas revêtus de signatures de négociants, ils ont pour cause des opérations de commerce (C. comm., 636) (5). — Sont considérés comme négociants les individus dont la profession consiste à

(1) B. c. 1840, 47.
(2) B. c. 1834, 37.
(3) B. c. 1833, 2.
(4) B. c. 1828, 3.
(5) B. c. 1832, 211 ; — 1840, 40; — 1841, 84.

acheter pour revendre, ou dans des opérations de courtage, de banque, de change, de commission, d'agence d'affaires. Ne sont pas considérés comme négociants les artisans dont les professions n'impliquent pas nécessairement l'achat et la revente, tels les tailleurs, les menuisiers, les charrons (1). — Les mots *valeur reçue en marchandises*, l'énonciation que l'effet a été mis dans le commerce ne suffisent pas pour donner à cet effet, dans le second cas, le caractère commercial, il n'a ce caractère qu'autant qu'il y est énoncé qu'il a pour cause une opération de commerce, ou qu'il résulte des circonstances du procès qu'il avait pour objet une opération de cette nature (2).

Les livres dont la tenue est imposée à tout négociant par les art. 8 et 9 du Code de commerce (3). Les carnets ou livres de banque tenus par des commerçants (4). Les livres auxiliaires usités dans le commerce (5), ceux des compagnies de chemins de fer (6).

Les lettres missives ayant pour objet soit des demandes de livraisons de marchandises destinées à être revendues, soit la négociation d'effets de commerce, soit des opérations de banque, de change, ou de courtage (7).

Tous billets souscrits par un négociant, aux termes de l'art. 698 du Code de commerce, sont censés faits pour son commerce (8).

(1) B. c. 1827, 19; — 1849, 216; — 1847, 296.
(2) B. c. 1832, 222, 493; — 1841, 84; — 1843, 216; — 1840, 40.
(3) B. c. 1853, 425.
(4) B. c. 1839, 205.
(5) B. c. 1841, 191.
(6) B. c. 1853, 148.
(7) B. c. 1835, 288; — 1841, 1, 319.
(8) B. c. 1840, 281.

L'endossement des effets de commerce, l'endossement par un négociant d'un billet à ordre qui ne serait pas commercial (1).

Le billet à ordre et l'endossement forment des actes distincts. L'endossement peut être revêtu d'un caractère et recevoir une qualification qui n'appartient pas au billet lui-même. C'est ainsi que la fabrication sur un billet à ordre civil, d'un endossement portant la fausse signature d'un négociant, constitue un faux en écriture commerciale (2). L'endossement d'un effet commercial est toujours commercial.

cl. La qualité de négociant est un point de fait dont l'appréciation appartient au jury (3).

cm. Le faux dans une soumission d'acquit-à-caution ne constitue pas nécessairement et par lui-même un faux en écriture de commerce ; il pourrait recevoir ce caractère de ceux qui ont souscrit l'engagement (4).

Fabrication de conventions.

cn. Commet un faux par fabrication de conventions, celui qui fabrique une lettre de change tirée sous un faux nom.

co. Commet un faux par fabrication de conventions et altération de clauses, celui qui antidate et transpose frauduleusement son propre endossement de manière à le placer au-dessous de la signature d'un autre endosseur que la sienne devait au contraire précéder (5).

(1) B. c. 1819, 182.
(2) B. c. 1840, 40; — 1841, 84.
(3) B. c. 1840, 40; — 1841, 81.
(4) B. c. 1838, 190.
(5) B. c. 1847, 17.

Altération de clauses, de déclarations ou de faits.

cp. Commet un faux en écriture de commerce par altération de faits, le commis d'une maison de commerce qui porte comme vendues sur le livre d'entrée et de sortie dont la tenue lui est confiée, des marchandises frauduleusement soustraites (1); — par altération de déclarations, le négociant qui par des altérations d'écritures dans l'inventaire de ses marchandises en exagère la valeur (2).

Usage.

cq. Il n'est pas nécessaire de mentionner dans la question d'usage de fausses écritures ou signatures de commerce, les circonstances constitutives de cette nature de faux, lorsque ces circonstances sont exactement spécifiées dans des questions précédentes qui sont relatives à la fabrication des mêmes écritures et signatures (3).

cr. Les art. 148 et 151 assimilent l'usage des actes faux à la fabrication même de ces actes ; celui qui fait usage d'une pièce ne peut jamais être puni d'une peine plus grave que celle qu'aurait encourue l'auteur même du faux. Ainsi l'usage commercial d'un acte faux en écriture privée n'entraînera que la peine de faux en écriture privée. Par exemple, l'endossement commercial d'un billet à ordre civil faux, considéré comme usage de

(1) B. c. 1844, 191.
(2) B. c. 1853, 428.
(3) B. c. 1840, 251.

ce billet à ordre, devra être puni des peines du faux en écriture privée (1).

cs. L'endossement d'un billet a deux caractères, il peut être considéré comme acte isolé et comme fait d'usage du billet endossé.

Mais si de l'usage même qui est fait du faux billet civil ou de l'usage qui en pouvait être fait, il résulte qu'il a été fabriqué avec le dessein d'en user commerciale- ment, par exemple pour se procurer des marchandises destinées à être revendues, ou dans la pensée de faire accepter comme signature d'un négociant la fausse signature dont il est revêtu, bien que ce soit la signa- ture apparente d'un individu non commerçant, ou encore avec le dessein de le négocier, la fabrication du faux acquerra de ces circonstances le caractère de faux en écriture de commerce. Constitueront ainsi le crime de faux en écriture de commerce, la fabrication de billets à ordre causés valeur en marchandise dont le faussaire s'est servi en se faisant livrer des marchandises valeur de ces billets, pour les revendre, pour en louer l'usage ou pour toute autre opération commerciale (2). — La fabri- cation de billets à ordre causés valeur en marchan- dises, lors même qu'il n'en a pas été fait usage, si le jury a déclaré que les marchandises, dont ces billets avaient pour objet d'obtenir la remise, eussent été livrées pour être revendues, pour en louer l'usa- ge, etc. (3). — Dans le même sens doit être interprété un arrêt de la Cour de cassation portant qu'il y a

(1) B. c. 1817, 62, 63, 67; — 1828, 9, 63, 116.
(2) B. c. 1815, 207.
(3) B. c 1815, 200.

faux commercial dans l'usage d'une fausse quittance d'un prix de marchandises, si l'accusé s'est rendu coupable de cet usage en qualité de commerçant ou si les marchandises ont été achetées pour être revendues (1). L'usage est ici criminellement commercial, parce qu'en réagissant sur la fabrication de la fausse quittance, il donne à cette fabrication le caractère intentionnel de faux en écriture de commerce.

Complicité.

ct. Dans le cas de fabrication d'un faux effet de commerce, la déclaration de complicité par aide et assistance, avec connaissance dans les faits qui ont préparé ou consommé le faux, s'étend à la circonstance de commercialité du billet aussi bien qu'à la fabrication; il n'est pas nécessaire d'énoncer, par exemple, que le complice a eu connaissance de la qualité de commerçant du souscripteur du billet (2).

cu. Sont constitutives du crime de faux en écriture de commerce ou de banque, les circonstances :

Qu'un faux a été commis,

En écriture de commerce ou de banque,

Par contrefaçon ou altération d'écritures ou de signatures, fabrication de conventions, dispositions, obligations ou décharges (insertion de clauses au moment de la rédaction, supposition de personnes), ou par leur insertion après coup dans ces actes. Par addition ou altération de clauses, de déclarations ou de faits, que ces actes avaient pour objet de recevoir et de constater.

(1) B. c. 1832, 222.
(2) B. c. 1839, 368.

cv. L'arrêt de renvoi doit énoncer en fait :

La nature ou les circonstances établissant la nature de l'acte incriminé,

Les circonstances nécessaires pour déterminer que l'acte incriminé était en écriture de commerce ou de banque,

L'altération de la vérité ou les circonstances établissant cette altération.

Le mode d'altération de la vérité (contrefaçon ou altération d'écritures ou de signatures, fabrication, etc.),

L'intention frauduleuse ou les circonstances établissant cette intention.

La possibilité de préjudice ou les circonstances établissant cette possibilité de préjudice.

En droit :

Qu'un faux criminel aurait été commis,

Que ce faux aurait été commis en écriture de commerce ou de banque.

La question posée au jury doit reproduire les énonciations en fait de l'arrêt de renvoi.

cw. A la Cour d'assises doit être réservé de décider :

Si, d'après les faits et circonstances déclarés constants par le jury, un faux criminel a été commis.

Si ce faux a été commis en écriture de commerce ou de banque.

Peuvent être posées comme résultant des débats les questions :

De tentative, de complicité, d'usage, de faux en écriture de commerce et réciproquement.

De faux prévus par les art. 145 et 146,

De faux en écriture authentique prévu par l'art. 147,

De faux prévus par les art. 149 à 162,

De complicité et usages de ces faux,

De tentative et tentative d'usage de ceux qui ont le caractère de crime.

cx. Sont constitutives du crime d'usage d'un acte faux en écriture de commerce ou de banque, les circonstances :

Que l'acte dont il a été fait usage était en écriture de commerce ou de banque,

Que cet acte était entaché de faux,

Que le faux avait été commis par contrefaçon d'écritures ou de signatures, fabrication, etc. (V. art. 147, parag. 2, 3 et 4),

Qu'en faisant usage de cet acte faux, on en connaissait les vices.

cy. L'arrêt de renvoi doit énoncer en fait :

L'usage ou les circonstances établissant cet usage,

La nature ou les circonstances établissant la nature de l'acte dont il a été fait usage,

Les circonstances établissant que cet acte était un acte de commerce ou de banque,

L'altération de la vérité dont cet acte était entaché, ou les circonstances établissant cette altération,

Le mode d'altération de la vérité (contrefaçon d'écritures ou de signatures, fabrication, etc.), ou les circonstances établissant quel a été ce mode d'altération,

Qu'en faisant usage de cet acte, l'accusé en connaissait les vices.

6

En droit :

Que l'acte dont il a été fait usage était en écriture de commerce ou de banque,

Que cet acte était faux.

La question au jury doit reproduire les énonciations en fait de l'arrêt de renvoi.

A la Cour d'assises doit être réservé de décider :

Si, d'après les faits et les circonstances déclarés constants par le jury, l'acte dont il a été fait usage était un acte en écriture de commerce ou de banque ;

Si l'altération de la vérité dont cet acte était entaché constituait un faux.

cz. Peuvent être posées comme résultant des débats les questions :

De tentative d'usage, de complicité, d'usage d'un acte faux en écriture de commerce ;

De faux et d'usage de faux prévus par les art. 145, 146 et 148 ;

De faux et d'usage de faux en écriture authentique prévus par les art. 147 et 148 ;

De faux et usage de faux prévu par les art. 150 à 162 ;

De tentative des crimes de faux et d'usage de faux mentionnés aux trois alinéas qui précèdent ;

De complicité des crimes ou délits de faux et d'usage de faux mentionnés aux mêmes aliénas.

FORMULES.

—

CONTREFAÇON D'ÉCRITURES OU DE SIGNATURES
Contrefaçon,

ARRÊT DE RENVOI.

QUESTIONS AU JURY.

31. Accusation contre N... d'avoir, le..., à..., en contrefaisant au bas d'un billet, en date du..., de la somme de mille francs, tiré à son ordre de Paris sur Paul de Marseille, la signature de X..., commis par contrefaçon de signature un faux en écriture de commerce.

Crime prévu et puni de peines afflictives et infamantes et d'une peine correctionnelle par les art. 147, §§ 1 et 2, et 164 du Code pénal.

N... est-il coupable d'avoir, le..., à..., contrefait au bas d'un billet, en date du..., de la somme de mille francs tiré à son ordre de Paris sur Paul de Marseille, la signature de X...?

Tentative.

32. Accusation contre N... d'avoir, le.., à..., tenté de contrefaire au bas d'un billet, en date du..., de la somme de mille francs, tiré à son ordre de Paris sur Paul de Marseille, la signature de X... laquelle tentative manifestée par un commencement d'exécution, n'a manqué son effet que par des circonstances indépendantes de sa volonté, d'avoir ainsi commis une tentative de faux en écriture de commerce par contrefaçon de signature.

Crime prévu, etc., par les art. 147, §§ 1 et 2, et 164, 2, du Code pénal.

N... est-il coupable d'avoir, le..., à..., tenté de contrefaire au bas d'un billet en date du..., de la somme de mille francs, tiré à son ordre de Paris sur Paul de Marseille, la signature de X..., laquelle tentative manifestée par un commencement d'exécution n'a manqué son effet que par des circonstances indépendantes de sa volonté?

Contrefaçon et usage.

33. Accusation contre N... d'avoir, le...., à..., en contrefaisant au bas d'un billet en date du..., de la somme de mille francs, tiré à son ordre par X... de Paris sur Paul de Marseille, la signature de X... commis par contrefaçon de signature, un faux en écriture de commerce,

Et d'avoir, le..., à ..., en mettant en circulation · ce billet, sachant que la signature de X... apposée au bas était contrefaite , fait sciemment usage d'un acte en écriture de commerce faux par contrefaçon de signature.

Crimes prévus, etc., par les art. 147, §§ 1 et 2, 148, 163, 164, du Code pénal.

1. N... est-il coupable d'avoir, le..., à...., contrefait au bas d'un billet, en date du.... de la somme de mille francs tiré à son ordre, de Paris sur Paul de Marseille, la signature de X...?

2. N... est-il coupable d'avoir, le...., à..., fait usage du billet ci-dessus spécifié, sachant que la signature X... apposée au bas du billet était contrefaite?

Tentative.

34. Accusation contre N... d'avoir, le..., à...., en contrefaisant au bas d'un billet en date du..., de la somme de mille francs, tiré à 'son ordre, de Paris sur Paul de Marseille, la signature de X...., commis par contrefaçon de signature un faux en écriture de commerce.

Et d'avoir, le....à..., tenté de mettre en circulation ce billet, sachant que la signature X... apposée au-dessous était contrefaite, laquelle tentative, etc., d'avoir ainsi commis sciemment une ten-

1. N... est-il coupable d'avoir, le..., à..., contrefait au bas d'un billet en date du..., de la somme de mille francs, tiré à son ordre, de Paris sur Paul de Marseille, la signature de X...?

2. N... est-il coupable d'avoir, le..., à...., tenté de faire usage du billet ci-dessus spécifié, sachant que la signature X... apposée au bas de ce billet · était contrefaite, laquelle tentative, etc.?

tative d'usage d'un acte en
écriture de commerce faux
par contrefaçon de signature.

Crimes prévus, etc., par les
art. 147, §§ 1 et 2, 148, 163,
164, 2, du Code pénal.

Usage.

35. Accusation contre N...
d'avoir, le..., à..., en mettant en circulation un billet,
en date du..., de la somme
de mille francs, tiré à son ordre de Paris, sur Paul de
Marseille, sachant que la signature X..... apposée au
bas de ce billet était contrefaite, fait sciemment usage
d'un acte en écriture de commerce faux par contrefaçon
de signature.

Crime prévu, etc., par les
art. 147, §§ 1 et 2, 148, 163, 164
du Code pénal.

N... est-il coupable d'a-
voir, le.., à..., fait usage d'un
billet, en date du..., de la
somme de mille francs, tiré à
son ordre de Paris sur Paul
de Marseille, sachant que la
signature de X .. apposée au
bas de ce billet était contrefaite?

Tentative.

36. Accusation contre N...,
d'avoir, le......, à......, tenté de
mettre en circulation un billet
en date du......, de la somme
de mille francs, tiré à son
ordre de Paris sur Paul de Marseille, sachant que la signature
X... apposée au bas de ce
billet était contrefaite, laquelle
tentative, etc.; d'avoir ainsi
tenté sciemment de faire
usage d'un acte en écriture de
commerce faux par contrefaçon de signature.

Crime prévu, etc., par les
art. 147, § 1 et 2, 148, 163, 164,
2, du Code pénal.

N......, est-il coupable d'a-
voir, le...... à......, tenté de mettre en circulation un billet en
date du......, de la somme de
mille francs, tiré à son ordre
de Paris sur Paul de Mar-
seille, sachant que la signature X.. apposée au bas de
ce billet était contrefaite ?

ALTÉRATION D'ÉCRITURES
ou de signatures.

37. Accusation contre N..... d'avoir, le..., à....dans un billet en date du..., de la somme de deux cents francs, payable à Marseille le..., à son ordre, ledit billet tiré par X... de Paris sur Paul de Marseille, substitué aux mots *deux cents francs* les mots *deux mille francs*, d'avoir ainsi commis par altération d'écritures un faux en écriture de commerce.

Crime prévu, etc., par les art. 147, § 1 et 2, et 164 du C. pénal.

Tentative, usage, tentative d'usage. V. formules 32, 33, 34, 35, 36.

N...., est-il coupable d'avoir, le....., à...... dans un billet en date du....., de la somme de deux cents francs payable à Marseille le..... à son ordre, ledit billet tiré par X... de Paris sur Paul de Marseille, substitué aux mots *deux cents francs* les mots *deux mille francs?*

FABRICATION DE CONVENTIONS.

38. Accusation contre N....., d'avoir le....., à....., rempli à son propre nom (*), sur un billet en date du......, de la somme de mille francs, souscrit à l'ordre de X... par Paul, négociant, l'endossement signé en blanc par X...., alors que ce billet ne lui était pas confié, d'avoir ainsi commis par fabrication de convention un faux en écriture de commerce.

Crime prévu, etc., par les art. 147, § 1 et 3, et 164 du Code pénal.

Tentative, usage, tentative d'usage. V. formules 32, 33, 34, 35, 36.

N..... est-il coupable d'avoir, le....., à....., sur un billet en date du....., de la somme de mille francs, souscrit à l'ordre de X... par Paul, négociant, et endossé en blanc, lequel billet ne lui était pas confié, rempli l'endossement à son propre nom ?

(*) V. ci-dessus, p. 4, observation *e.*

INSERTION APRÈS COUP

dans les actes.

39. Accusation contre N...
d'avoir, le.... à...., étant marchand de grains, dans le corps
d'une lettre missive en date
du..., par laquelle X..., boulanger, lui avait demandé
cent hectolitres de froment au
prix de la mercuriale, ajouté
après livraison *que ce prix
serait celui de la mercuriale du
marché suivant*, marché où il
pouvait y avoir de la hausse,
d'avoir ainsi, par insertion
après coup dans un acte, commis un faux en écriture de
commerce.

*Tentative, usage, tentative
d'usage.* V. Formules 32, 33,
34, 35, 36.

N... est-il coupable d'avoir,
le..., à..., étant marchand
de grains, dans le corps d'une
lettre missive en date du...,
par laquelle X..., boulanger,
lui avait demandé cent hectolitres de froment au prix de la
mercuriale, ajouté après livraison *que ce prix serait celui de la mercuriale du marché
suivant*, marché où il pouvait
y avoir de la hausse ?

ADDITION, ALTÉRATION DE CLAUSES,

de déclarations, de faits.

40. Accusation contre N...
d'avoir, le..., à...., étant négociant, porté sur son livre-
journal comme achetées pour
son compte, au prix de.. mille
balles de coton qu'il avait reçues en consignation pour le
compte de X...; d'avoir ainsi
par altération dans un registre
de faits que ce registre avait
pour objet de constater, commis un faux en écriture de
commerce.

Crime prévu, etc., par les

N... est-il coupable d'a-
voir, le...,à...,étant négociant,
porté sur son livre-journal
comme achetées pour son propre compte au prix de...
mille balles de coton qu'il
avait reçues en consignation
pour le compte de X...?

art. 147, §§ 1, 4, et 164 du Code
pénal.

*Tentative, usage, tentative
d'usage*. V. formules 32, 33, 34,
35, 36.

AUTRE ESPÈCE.

41. Accusation contre N...
d'avoir, le..., à..., ajouté sur
un billet en date du..., de la
somme de mille francs, souscrit à son ordre par Paul, négociant, que ce billet serait
payable à un domicile que le
souscripteur n'avait pas indiqué (*) d'avoir ainsi commis
par addition de clause, un faux
en écriture de commerce.

Crime prévu, etc., par les
art. 147, §§ 1, 4, et 164 du Code
pénal.

*Tentative, usage, tentative
d'usage*. V. formules 32, 33, 34,
34, 35, 36.

N..., est-il coupable d'avoir
le..., à..., ajouté sur un billet
en date du..., de la somme de
mille francs, souscrit à son
ordre par Paul, négociant, que
ce billet serait payable à un
domicile que le souscripteur
n'avait pas indiqué?

(*) V. ci-dessus, p. 11, observation *m*.

V

FAUX EN ÉCRITURE PRIVÉE

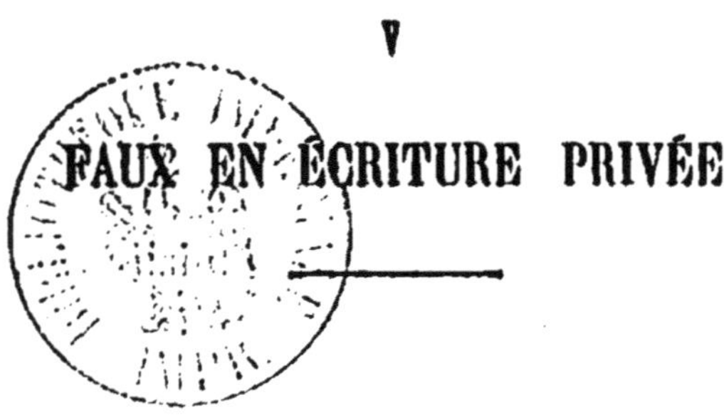

C. P., art. 150. — Tout individu qui aura, de l'une des manières
exprimées en l'art. 147, commis un faux en
écriture privée, sera puni de la réclusion.
C. P., art. 151. — Sera puni de la même peine celui qui aura
fait usage de la pièce fausse.
C. P., art. 163. — V. ci-dessus, p. 21.
C. P., art. 164. — V. ci-dessus, p. 21.

De l'une des manières exprimées en l'art. 147.

V. ci-dessus, p. 57, observ. *bz* et suiv. ; p. 73,
observ. *ci* et suiv.

Faux.

V. ci-dessus, p. 1, observations générales.

Écriture privée.

da. Sont écriture privée, considérée comme élément
du crime de faux, tous écrits qui, sans avoir le caractère soit d'acte public ou authentique, soit d'acte de
commerce ou de banque, sont de nature à engendrer
des droits, à causer un préjudice, à compromettre des
intérêts publics ou privés, dans l'ordre matériel comme
dans l'ordre moral.

Constituent le crime de faux en écriture privée :

L'altération par un tiers de registres domestiques,

contenant des notes ou énonciations de nature à faire foi contre celui à qui ces registres appartiennent (Code civil, art. 1331) (1);

L'altération d'un registre domestique opérée en vue d'une production préjudiciable à autrui (2);

L'apposition sur des jetons d'une fausse signature donnant à ces jetons une valeur pécuniaire (3);

Le fait de signer d'un faux nom le registre d'un pharmacien, à l'effet d'obtenir des substances vénéneuses (4);

La fabrication de lettres missives dans l'intention de nuire, lors même que le faux ne porterait pas atteinte à la fortune d'autrui (5);

Le fait d'inscrire une obligation à son profit, au-dessus d'une signature apposée au bas d'une pétition (6);

L'apposition de fausses signatures sur une pétition adressée aux chambres législatives (7);

Sur une pétition tendant à faire destituer un fonctionnaire (8).

db. Si, dans une accusation de faux en écriture privée, il résulte des débats que la pièce arguée de faux portait la signature falsifiée d'un négociant, la question peut en être posée au jury (9).

(1) B. c. 1838, 116.
(2) B. c. 1827, 19; — 1847, 162.
(3) B. c. 1845, 349.
(4) B. c. 1819, 33.
(5) B. c. 1852, 354.
(6) B. c. 1812, 225.
(7) B. c. 1850, 318.
(8) B. c. 1810, 97.
(9) B. c. 1837, 206.

dc. Sont constitutives du crime de faux en écriture privée les circonstances :

Qu'un faux a été commis

Par contrefaçon ou altération d'écriture ou de signature, fabrication de conventions, dispositions, obligations ou décharge, etc. (*V.* art. 147, §§ 2, 3 et 4),

En écriture privée.

dc. L'arrêt de renvoi doit énoncer en fait :

La nature de la pièce incriminée ou les circonstances établissant sa nature ;

Les circonstances nécessaires pour déterminer si cette pièce était en écriture privée ;

L'altération de la vérité ou les circonstances établissant cette altération ;

Le mode d'altération de la vérité ou les circonstances établissant quel a été ce mode d'altération ;

L'intention frauduleuse ou les circonstances l'établissant ;

La possibilité de préjudice ou les circonstances établissant cette possibilité.

En droit :

Qu'un faux criminel aurait été commis ;

Que ce faux aurait été commis en écriture privée.

La question posée au jury doit reproduire les énonciations en fait de l'arrêt de renvoi.

A la Cour d'assises doit être réservé de décider :

Si, d'après les faits et circonstances déclarés constants par le jury, un faux criminel a été commis ;

Si ce faux a été commis en écriture privée.

Peuvent être posées comme résultant des débats.

les questions de tentative, de complicité de faux en écriture privée et réciproquement ;

D'usage prévu par l'art. 151 ;

De faux et usage de faux prévus par les art. 145 à 148;

De faux et usage de faux prévus par les art. 152 à 162;

De tentative des crimes de faux et usage de faux prévus par les art. 145 à 148, 152 à 162 ;

De complicité des crimes ou délits de faux et usage de faux prévus par les mêmes articles.

df. Sont constitutives du crime d'usage d'un acte faux en écriture privée les circonstances :

Que la pièce dont il a été fait usage était en écriture privée ;

Qu'elle était entachée de faux ;

Que le faux avait eu lieu par contrefaçon ou altération d'écriture, fabrication, etc. (*V.* art. 147, §§ 2, 3 et 4);

Qu'en faisant usage de cet acte faux on en connaissait les vices.

dg. L'arrêt de renvoi doit énoncer en fait :

L'usage ou les circonstances établissant l'usage ;

La nature ou les circonstances établissant la nature de la pièce dont il a été fait usage ;

Les circonstances nécessaires pour déterminer son caractère d'écriture privée ;

L'altération de la vérité dont cette pièce était entachée ou les circonstances l'établissant ;

Le mode d'altération de la vérité ou les circonstances établissant quel avait été ce mode d'altération (art. 147, §§ 2, 3 et 4) ;

Qu'en faisant usage de cette pièce, l'accusé en aurait connu les vices.

En droit :

Que la pièce dont il a été fait usage était écriture privée,

Qu'elle était fausse.

La question posée au jury doit reproduire les énonciations en fait de l'arrêt de renvoi.

A la Cour d'assises doit être réservé de décider :

Si, d'après les faits et les circonstances déclarés constants par le jury, la pièce dont il a été fait usage était en écriture privée;

Si cette pièce était entachée de faux.

dh. Les questions peuvent être posées comme résultant des débats :

De tentative d'usage, de complicité d'usage de pièces fausses en écriture privée;

De faux en écriture privée;

De faux et usage de faux, prévus par les art. 145 à 148, 152 à 162;

De tentative des crimes de faux et usage de faux prévus par les art. 145 à 184, 152 à 162;

De complicité des crimes ou délits de faux et usage de faux prévus par les mêmes articles.

FORMULES.

—

CONTREFAÇON DE SIGNATURES

Contrefaçon.

ARRÊT DE RENVOI.	QUESTIONS AU JURY.
42. Accusation contre N..... d'avoir, le...., à......, en contrefaisant au bas d'un billet en date du....., de la somme	N..... est-il coupable d'avoir, le....., à. ..., contrefait au bas d'un billet en date du....., de la somme de mille

de mille francs, payable à vue à son ordre, la signature de X....., commis par contrefaçon de signature un faux en écriture privée.

Crime prévu et puni de peines afflictives et infamantes et d'une peine correctionnelle par les art. 150, 147, § 2, et 164 du Code pénal.

francs, payable à vue à son son ordre, la signature de X.....?

Contrefaçon et usage.

43. Accusation contre N...., d'avoir, le..., à....., en contrefaisant au bas d'un billet en date du....., de la somme de mille francs, payable à son ordre, la signature de X....., commis par contrefaçon de signature un faux en écriture privée ;

Et d'avoir, le....., à....., en passant ce billet à l'ordre de Paul, sachant que la signature X..... apposée au-dessous était contrefaite, sciemment fait usage d'une pièce en écriture privée, fausse par contrefaçon de signature.

Crimes prévus, etc., par les art. 150, 147, § 2, 151, 163, 164 du Code pénal.

1. N..... est-il coupable d'avoir, le....., à....., contrefait au bas d'un billet en date du....., de la somme de mille francs, payable à son ordre, la signature de X.....?

2. N..... est-il coupable d'avoir, le....., à....., fait usage du billet ci-dessus spécifié, sachant que la signature X..... apposée au bas de ce billet était contrefaite?

Tentative.

44. Accusation contre N....., d'avoir, le...., à ....., en contrefaisant au bas d'un billet en date du....., de la somme de mille francs, payable à vue à son ordre, la signature de X....., commis par contrefaçon de signature un faux en

1. N.... est-il coupable d'avoir, le....., à....., contrefait au bas d'un billet en date du....., de la somme de mille francs, payable à vue à son ordre, la signature de X.....?

écriture privée; Et d'avoir, le....., à....., tenté de passer ce billet à l'ordre de Paul, et de le lui donner en payement sachant que la signature X..... apposée au-dessous, était contrefaite; laquelle tentative manifestée, etc., d'avoir ainsi commis sciemment une tentative d'usage d'une pièce en écriture privée, fausse par contrefaçon de signature.

Crimes prévus, etc., par les art. 150, 147, § 2, 151, 163, 164, 2, du Code pénal.

2. N..... est-il coupable d'avoir, le....., à....., tenté de faire usage du billet ci-dessus spécifié, sachant que la signature X..... apposée au bas de ce billet était contrefaite, laquelle tentative, etc.?

Usage.

45. Accusation contre N..... d'avoir, le....., à....., en passant à l'ordre de Paul et en lui donnant en payement un billet en date du...., de la somme de mille francs, payable à son ordre, sachant que la signature X...... apposée au bas de ce billet était contrefaite, fait sciemment usage d'une pièce en écriture privée, fausse par contrefaçon de signature.

Crime prévu, etc., par les art. 150, 147, §2, 151, 163, 164 du Code pénal.

N..... est-il coupable d'avoir, le....., à....., fait usage d'un billet en date du....., de la somme de mille francs, payable à son ordre, sachant que la signature X..... apposée au bas de ce billet était contrefaite?

Tentative.

46. Accusation contre N..... d'avoir, le....., à....., tenté de passer à l'ordre de Paul et de lui donner en payement un billet en date du....., de la somme de mille francs, paya-

N..... est-il coupable d'avoir, le....., à....., tenté de faire usage d'un billet en date du....., de la somme de mille francs, payable à son ordre, sachant que la signature X......

ble à son ordre, sachant que la signature X..... apposée au bas de ce billet était contrefaite, laquelle tentative, etc.; d'avoir ainsi commis sciemment une tentative d'usage d'une pièce en écriture privée, fausse par contrefaçon de signature.

Crime prévu, etc., par les art. 150, 147, § 2, 151, 163, 164, 2, du Code pénal.

apposée au bas de ce billet, était contrefaite, laquelle tentative, etc.?

CONTREFAÇON D'ÉCRITURES
et de signatures.

47. Accusation contre N..... d'avoir, le....., à......, en contrefaisant l'écriture et la signature de X....., écrit à l'adresse de Paul une lettre contenant des insinuations mensongères et malveillantes sur la probité de Jean ; d'avoir ainsi commis par contrefaçon d'écriture et de signature un faux en écriture privée (*).

Crime prévu, etc., par les art. 150, 147, § 2, et 164 du Cod. pén.

Tentative, usage et tentative d'usage. V. formules 43, 44, 45, 46.

N....., est-il coupable d'avoir, le....., à......, en contrefaisant l'écriture et la signature de X....., écrit à l'adresse de Paul une lettre contenant des insinuations mensongères et malveillantes sur la probité de Jean?

ALTÉRATION D'ÉCRITURES
ou de signatures.

48. Accusation contre N....., d'avoir, le ...., à......, en substituant dans un billet en date du....., de la somme de cent francs, souscrit à son profit par X..... le mot *mille* au mot

N....., est-il coupable d'avoir, le...., à....., dans un billet en date du....., de la somme de cent francs, souscrit par X..... à son profit, substitué au mot *cent* le mot *mille*?

(*) V. ci-dessus p. 89 et 90, observation *da*.

cent, commis par altération d'écritures un faux en écriture privée.

Crime prévu, etc., par les art. 150, 147, § 2, et 164 du Code pénal.

Tentative, usage et tentative d'usage. V. formules 43, 44, 45, 46.

FABRICATION DE CONVENTIONS,

dispositions, décharges.

49. Accusation contre N... d'avoir, le....., à....., en fabriquant un écrit par lequel X..... reconnaissait avoir reçu de lui une somme de mille francs dont il était son créancier et lui en donnait quittance, commis par fabrication de décharge un faux en écriture privée.

Crime prévu, etc., par les art. 150, 147, § 2, et 164 du C. pénal.

Tentative, usage et tentative d'usage. V. formules 43, 44, 45, 46.

N..... est-il coupable d'avoir le....., à....., fabriqué un écrit par lequel X..... reconnaissait avoir reçu de lui une somme de mille francs dont il était son créancier et lui en donnait quittance ?

INSERTION APRÈS COUP

dans les actes.

50. Accusation contre N....., d'avoir, le....., à....., en ajoutant après coup dans un écrit en date du....., par lequel X...., s'était engagé à lui fournir dix pièces de vin de sa récolte au prix de cent francs la pièce, que ce prix ne serait exigible qu'après un délai de trois années, commis par insertion après coup dans un acte, un faux en écriture privée.

N..... est-il coupable d'avoir, le....., à....., ajouté après coup, dans un écrit en date du....., par lequel X..... s'était engagé à lui fournir dix pièces de vin de sa récolte au prix de cent francs la pièce, que ce prix ne serait exigible qu'après un délai de trois années ?

Crime prévu, etc., par les art. 150, 147, § 3, et 164 du Code pénal.

Tentative, usage et tentative d'usage. V. formules 43, 44, 45, 46.

ADDITION, ALTÉRATION DE CLAUSES,
de déclarations, de faits.

51. Accusation contre N..... d'avoir, le....., à,...., en inscrivant mensongèrement à la date du....., sur son registre de dépenses journalières, mention d'un payement de mille francs à X....., dans le but d'opposer ce prétendu payement en compensation de pareille somme qui lui était réclamée par X....., commis, par altération dans un registre domestique de faits que ce registre avait pour objet de constater, un faux en écriture privée.

Crime prévu, etc., par les art. 150, 147, § 4, et 164 du Code pénal.

Tentative, usage et tentative d'usage. V. formules 43, 44, 45, 46.

N..... est-il coupable d'avoir, le....., à....., inscrit mensongèrement à la date du...,sur son registre de dépenses journalières, mention d'un payement de mille francs à X....., dans le but d'opposer ce prétendu payement en compensation de pareille somme qui lui était réclamée par X.....?

VI

DÉLIVRANCE DE FAUSSES FEUILLES

DE ROUTE.

C. P.. art. 156. — Quiconque fabriquera une fausse feuille de route, ou falsifiera une feuille de route originairement véritable, ou fera usage d'une feuille de route fabriquée ou falsifiée, sera puni, savoir :

D'un emprisonnement de six mois au moins et de trois ans au plus si la feuille de route n'a pour objet que de tromper la surveillance de l'autorité publique ;

D'un emprisonnement d'une année au moins et de quatre ans au plus, si le trésor public a payé au porteur de la fausse feuille des frais de route qui ne lui étaient pas dus ou qui excédaient ceux auxquels il pouvait avoir droit, le tout néanmoins au-dessous de cent francs.

Et d'un emprisonnement de deux ans au moins, et de cinq ans au plus, si les sommes indûment reçues par le porteur de la feuille s'élèvent à cent francs et au delà.

Dans ces deux derniers cas les coupables pourront en outre être privés des droits mentionnés en l'art. 42 du présent Code pendant cinq ans au moins et dix ans au plus, à compter du jour où ils auront subi leur peine.

Ils pourront aussi être mis par l'arrêt ou le jugement, sous la surveillance de la haute police pendant le même nombre d'années.

C. P., art. 157. — Les peines portées en l'article précédent seront appliquées, selon les distinctions qui
y sont établies, à toute personne qui se sera
fait délivrer par l'officier public une feuille
de route délivrée sous un autre nom que le
sien.

C. P., art. 158. — Si l'officier public était instruit de la supposition de nom lorsqu'il a délivré la feuille de
route, il sera puni, savoir : — Dans le pre-
mier cas posé par l'art. 156, d'un emprisonnement d'une année au moins et de quatre
ans au plus.

Dans le second cas du même article, d'un
emprisonnement de deux ans au moins et de
cinq ans au plus.

Dans le troisième cas de la réclusion.

Dans les deux premiers cas il pourra en outre
être privé des droits mentionnés en l'art. 42
du présent Code pendant cinq ans au moins
et dix ans au plus à compter du jour où il
aura subi sa peine.

Lorsqu'il a délivré.

di. La délivrance par l'officier public d'une feuille de
route sous un nom qu'il savait supposé n'est en soi
qu'un délit qui devient crime par l'effet de l'emploi de
la feuille de route et de la remise de fonds que le porteur obtient du Trésor à l'aide de cette feuille de route
lorsque les fonds remis s'élèvent à cent francs et au
delà. — De là résulte que la tentative de délivrance ne
peut donner ouverture à l'action publique. — Mais
la tentative de l'emploi, réagit sur la délivrance comme
l'emploi lui-même, il suffit que le porteur de la feuille
de route ait tenté avec les circonstances voulues par
l'article 2 du Code pénal, de se faire remettre des frais
de route s'élevant à cent francs ou au delà pour que les

articles 156 et 158 .deviennent applicables à l'officier public qui a sciemment délivré cette feuille de route (1).

Feuille de route.

dj. La feuille de route est un acte public. La délivrance n'est punissable aux termes des articles 156 et 158 qu'autant que la feuille délivrée a les caractères apparents de l'acte public. Mais c'est là un point de droit dont la solution n'est pas du domaine du jury. Le jury peut sans doute donner à la pièce délivrée le nom de feuille de route en tant que désignation de la nature de cette pièce, mais il faut pour que sa déclaration soit complète, qu'il spécifie les circonstances de fait à l'aide desquelles la Cour d'assises reconnaîtra si la pièce délivrée a le caractère apparent de l'acte public que la loi qualifie feuille de route, caractère sans lequel les articles 156 et 158 ne seraient pas applicables.

Est assimilée à la délivrance des feuilles de route, la délivrance de mandats par les intendants militaires aux officiers ou soldats voyageant isolément.

N'a eu pour objet, etc.

dk. Fait négatif qu'il n'est pas nécessaire d'énoncer dans l'arrêt de renvoi ni dans la question posée au jury ; toute feuille de route fausse ayant nécessairement pour objet de tromper la surveillance de l'autorité publique, il suffit que les circonstances aggravantes prévues par les derniers paragraphes de l'article 156 ne soient pas relevées dans l'accusation, pour que de là résulte implicitement que la feuille de route n'a eu pour objet que de tromper la surveillance de l'autorité publique.

(1) B. c. 1816, 80. (V. Faustin Hélie, t. 2, p. 501, n° 644.)

Payé au porteur.

ll. Il suffit, comme il a été dit plus haut (observ. *di*), que le porteur ait tenté de se faire payer.

Fera usage.

dm. De la combinaison des quatre derniers paragraphes de l'article 156 on doit induire que l'usage prévu et puni par cet article, s'entend exclusivement de l'usage que le porteur de la feuille de route fait de cette feuille de route, en la produisant aux agents du Trésor pour obtenir d'eux des remises de fonds.

L'individu qui ferait un usage autre de la feuille de route, par exemple en la remettant à celui au nom duquel elle a été fabriquée, ne se rendrait pas coupable de l'usage prévu par les quatre derniers paragraphes de l'article 156, mais il pourrait être considéré, aux termes de l'article 60, § 2, comme complice du porteur de cette feuille de route, qui après l'avoir reçue de lui, s'en serait servi pour obtenir des fonds des agents du Trésor.

Lors même que le porteur de la feuille de route en recevant du Trésor des frais de route qui ne lui étaient pas dus, aurait été de bonne foi, l'article 158 serait applicable à l'officier public qui a délivré cette feuille de route.

dn. Sont constitutives du crime de délivrance de feuille de route sous un nom supposé, les circonstances :

Que la pièce délivrée était une feuille de route ;

Qu'elle a été délivrée par un officier public ayant qualité à cet effet ;

Qu'elle a été délivrée sous un nom supposé ;

Que l'officier public était instruit de la supposition de nom.

Que le Trésor impérial a payé au porteur de la feuille de route des frais de route qui ne lui étaient pas dus, s'élevant à cent francs, ou au delà.

do. L'arrêt de renvoi doit énoncer en fait :

1° Que l'accusé a délivré une feuille de route — sous un nom supposé, — qu'il était instruit de la supposition de nom ;

2° Quelle était la fonction de l'accusé, — qu'il a agi dans l'exercice de cette fonction ;

3° Que le Trésor impérial a payé au porteur des frais de route qui ne lui étaient pas dus, s'élevant soit à cent francs, soit au delà.

En droit :

Que la feuille de route délivrée aurait été délivrée par l'accusé ayant qualité à cet effet dans l'exercice d'une fonction publique.

La question posée au jury doit reproduire les énonciations en fait de l'arrêt de renvoi.

A la Cour d'assises doit être réservé de décider :

Si, d'après les faits et circonstances déclarés constants par le jury, la feuille de route délivrée était un acte public, si l'accusé qui a délivré cette feuille de route était un officier public ayant qualité à cet effet.

dp. Questions résultant des débats. (V. ci-dessus, p. 10, obs. *a*, *af*, et p. 34, observ. *bk*.)

FORMULES.

—

ARRÊT DE RENVOI.	QUESTION AU JURY.
52. Accusation contre N... d'avoir, le.., à..., étant maire de la commune de..., et agissant en cette qualité, délivré une feuille de route à O..., sous le nom supposé de X..., alors qu'il était instruit de la supposition de nom, feuille de route sur le vu de laquelle le payeur du département de..., a payé, à titre de frais de route au porteur de cette feuille de route, une somme de cent francs qui ne lui était pas due ; d'avoir ainsi, étant officier public, ayant qualité à cet effet, délivré sous un nom supposé, alors qu'il était instruit de la supposition de nom, une feuille de route au porteur de laquelle le Trésor plublic a payé des frais de route qui ne lui étaient pas dus, s'élevant à cent francs.	N... est-il coupable d'avoir, le..., à..., étant maire de la commune de..., et agissant en cette qualité, délivré à O..., sous le nom supposé de X..., alors qu'il était instruit de la supposition de nom, une feuille de route sur le vu de laquelle le trésor public a payé au porteur de cette feuille de route à titre de frais de route, une somme de cent francs qui ne lui était pas due ?
Crime prévu, etc., par les art. 156, 157. 158 et 161 du Code pénal.	

TABLE DES CHAPITRES

CONTENUS DANS LE FORMULAIRE

Paris. — Imprimerie de E. Donnaud, rue Cassette, 9.